The street...

(Libro de gramática inglesa para principiantes y avanzados con una novela corta.)

Información biográfica de la Biblioteca Nacional Alemana: La Biblioteca Nacional Alemana lista esta publicación de la Bibliografía Nacional Alemana; Se puede acceder a datos bibliográficos detallados en Internet en dnb.dnb.de

©2023 Raphaela Floréz
Producido y publicado por: BoD - Books on Demand, Norderstedt
ISBN 9783734757983

The street...

(Libro de gramática inglesa para principiantes y avanzados con una novela corta.)

- fácil y sencillamente explicado.
- contiene los temas más importantes.
- incluyendo los verbos irregulars
- con muchos ejemplos
- con traducción 1:1 de la novela que incluye muchos diálogos.

Table of contents:

Capítulo 1

el sustantivo

	masculino	femenino
singular	a gentleman (un señor)	a lady (una señora)
plural	some gentleman (unos señores)	some ladies (unas señoras)

artículo indefinido maskulino: a (singular), **some** (plural)
artículo indefinido feminino: a (singular), **some** (plural)

Pero si el artículo indefinido va antes de un sustantivo que comienza con una vocal, a se convierte en an
Ejemplos:
-**an** apricot **(un albaricoque)**
-**an** apple **(una manzana)**

Ejemplos de un sustantivo que comienza con una consonante
-**a table (una mesa)**
-**a tree (un árbol)**

Pero hay excepciones porque también depende de la pronunciación
Ejemplo:
-**an hour..(una hora..)**

el artículo indefinido en singular y plural es el mismo para femenino y masculino

artículo definido maskulin: the (singular), **the** (plural)
artículo definido feminin: the (singular), **the** (plural)

el articulo definido es el mismo para masculino y femenino y tambien en número

ejemplos:
- They go to **the** cinema (Van al cine)
- **The** cinema ist big (el cine es grande)
- **The** cinemas are closed today in this town
  (los cines están cerrados hoy)
- He comes from **the** cinema (Viene **del** cine)

(los días de samana)

monday	el lunes
tuesday	el martes

wednesday	el miercoles
thursday	el jueves
friday	el viernes
saturday	el sábado
sunday	el domingo

ejemplos:
- Lui plays soccer **on** fridays. (Luiz juega fútbol en el viernes.)
- They go to the cinema **on** wednesdays (Ellos van al cine los miercoles.)
- Luiz go to the park **on** thursday (Luiz va al este parque en el jueves.)
- They go to the cinema every month (Ellos van al cine cada mez.)
- Today is Thursday..(Hoy es jueves)

En inglés, el artículo definido no va antes del día de semana
Si la acción se repite el mismo día de la semana, se añade una **s** al día de la semana
la preposición para **en** es **on**

el día	the day, pl. the day**s**
el mez	the month, pl. the months

si el sustantivo está en plural, generalmente se agrega una **s**

pero también hay excepciones como por ejemplo:
- (a)m**a**n pl. some(m**e**n)
  (un señor),(uños señores)
- (a)woman pl. some(wom**e**n)
  (una señora),(unas señoras)

Capítulo 2

el verbo ser,en inglés: (to)be

(yo)soy..	I am…
(tú)eres..	You are…
(él,ella,usted)es..	He,She,It is…
(nosotros)somos..	We are…
(vosotros)sóis..	You are…
(ellos,ustedes)son…	They are…

En inglés no hay cortesía para usted y usted
Tú y **vosotros** ambos se traducen con el pronombre personal **you**

También se puede acortar el verbo (to)be en relación con los pronombres personales

(yo)soy..	I'm...
(tú)eres..	You're...
(él,ella,usted)es..	He,she,it's...
(nosotros)somos..	We're...
(vosotros)sóis..	You're...
(ellos,ustedes)son..	They're...

En inglés no hay diferencia entre el verbo ser y estar
ambos verbos tienen el mismo significado
Ejemplos:
- The soup **is** cold (la sopa está fría)
- the cinema **is** near the park (el cine está cerca del parquet
- the park **is** big (el parque es grande)
- the shirts **are** blue (las camisas son azules)
- Luiz **is** bored (Luiz está abburrido)
- He **is** at this park (el está en este parque)
- the building **is** in front of the park (el edificio está enfrente del parque)

adjetivos y adverbios relacionados con el verbo (to)be:
- **Luiz is interested in this film (Luiz está interesado en esta película.)**
- **Luiz is bored (Luiz está aburrido)**
- **This Film is not intersting(or es boring),(esta pelicula no es intersante(o es aburrido)**

el adverbio se usa en conexión con estar y el adjetivo se usa en conexión con ser

normalmente en inglés, los adverbios terminan en **-ed** y los adjetivos terminan en **-ing**
pero también hay excepciones donde el adverbio es muy diferente del adjetivo..por
ejemplo:
- Luiz is **good** in football (Adjektiv) (Luiz es bueno en el fútbol)
- Luiz plays **well** (Adverb) (Luiz juega bien al fútbol)

unas frases.
How are you? ..(Qué tal?o Cómo estás?)
Where are you from?..(De dónde eres?)I am from..Luiz is from..
What is your name?..(Cómo te llamas?)(nombre ->(first)name..apellido->(last)name)
My name is..(me nombre es..)

Basic numbers. (números básicos.)

0 zero	1 one
2 two	3 three
4 four	5 five
6 six	7 seven
8 eight	9 nine
10 seven	11 eleven
12 Twelve	13 thirteen
14 fourteen	15 fifteen
16 sixteen	17 seventeen
18 eighteen	19 nineteen
20 Twenty	21 twenty one
22 twenty two	23 twenty three
24 twenty four	25 twenty five
26 twenty six	27 twenty seven
28 twenty eight	29 twenty nine
30 thirty	31 thirty one
40 forty	41 forty one
50 fifty	51 fifty one
60 sixty	61 sixty one
70 seventy	71 seventy one
80 eighty	81 eighty one
90 ninety	91 ninety one
100 hundred	101 one hundred one
102 one hundred two	200 two hundred
300 three hundred	400 four hundred
500 five hundred	600 six hundred
700 seven hundred	800 eight hundred
900 nine hundred,-as	1000 thousand
2000 two thousand	10000 ten thousand
100000 one hundred thousand	1000000 million

Ejemplos:

- ten tries (diez árboles)
- three cars (tres coches)
- It is one tree or It is a tree..(Es un árbol)
- What time is it..It is five o'clock..(Qué hora es..son las cinco)
- It is eight o'clock..(Son las ocho)
- What time does Luis arrive?..Luiz arrives at seven o'clock (A qué hora llega Luiz?..Luiz llega a las siete)
- It is half past three.. (Son tres y media)
- It is a quarter to two..(Son las dos menos cuarto)

(El número va antes del sustantivo)
El número no se adapta al sustantivo y es invariable
Ejemplos::
- one hundred and three cars (ciento tres coches)
- five hundred people (cincocientas personas)
- three hundred cars (trescientos coches)
- five tables (cinco mesas)
- three glasses (tres vasos)
- one hundred and one spoons (cien y uno chuaras)
- one hundred and one trees (cien y uno árboles)

La posición de los adjetivos en inglés.

En inglés, los adjetivos siempre van antes del sustantivo
Los adjetivos no se adaptan al sustantivo y son invariables

Ejemplos:
- the **blue** shirt (la camisa azul)
- the **red** car (el coche rojo)
- the **big** trees (los árboles grandes)
- the **blue** cars (el coche azul)
- the **green** shirts (la camisa verde)

Capítulo 3

pronombre sujeto

(yo)	I
(tú)	you
(él, élla,)	he, she, it
(nosotros,nosotras)	we
(vosotros,vosotras)	you
(ellos, ellas)	they

En una frase, la primera persona del singular **I(yo)**siempre se escribe con mayúscula
Por ejemplo:

- He always calls me when **I** am sleeping

Con los pronombres de sujeto **we** y **you(pl.)** no hay diferencia entre masculino y femenino en ingles

En inglés, el pronombre sujeto no se puede omitir porque, a diferencia del español, no se puede saber por las terminaciones verbales de quién se trata

Aquí hay algunos ejemplos con verbos regulares en el tiempo Simple Present(presente)

(to)sleep (dormir)

I sleep
You sleep
He,she, it sleep**s**
We sleep
You sleep
They sleep

(to)drink (beber)

I drink
You drink
He,she, it drink**s**
We drink
You drink
They drink

(Sin los pronombres de sujeto, no sabrías quién es)

(En el Presente se adjunta **s** al verbo(infinitive) en la **3. persona del Singular**)

Verbos irregulares son:

(to)go
He,she it **goes**

(to)fly (volar)
He,she,it **flies**

(to)carry(llevar)
He,she,it **carries**..(él,ella lleva)

(to)do
He,she,it **does**..(él,ella hace)

(to)catch
He,she,it **catches..(él,ella atrapa)**

(to)have
He,she,it **has..(él,ella tiene)**

El verbo modal **can** es el mismo para todas las personas en Singular y Plural
I,you,he,she,it,we,you,they..**can**

otro verbo irregular en tiempo presente es **(to)be** (ser,capítulo dos)

Capítulo 4

el pronombre de objeto directo (acusativo)

me	me
te	you
lo, la	him, her, it
nos	us
os	you(pl.)
los, las	them

el pronombre de objeto indirecto (dativo)

me	me
te	to you
le	him, her
nos	us
os	you(pl.)
les	them

(Una diferencia:..It's me..(en Inglés)

   (en Español..Soy yo)

   Me too..(en Inglés)

   (en Español..Yo tambien)

A diferencia del español, ==los pronombres de objeto indirecto== no van antes del verbo en una frase

Ejemplo:
- **"Did Luiz give ==her== the pencil?"-"He gave ==her== the pencil"**
  ("Luiz ==le== dio el lápiz?" – "==Le== dio el lapiz.")
- **"Has Luiz told ==her== about the country?" – "He told ==her== about the country."**
  ("Luiz ==le== ha contado sobre el país?" – "==Le== ha contado sobre el país."

Si ==el pronombre de objeto indirecto== y ==el pronombre de objeto directo== están en una frase hay dos posibilidades:

1. ==el pronombre de objeto== indirecto va antes del ==objeto directo==

ejemplos:
- "Did Luiz give her the pencil?"-"He gave ==her== ==the pencil==."
  ("Luiz ==le== dio ==el lápiz==?" – "==Le== dio el ==lápiz==.")
- "He told ==her== ==about the country==."
  ("==Se== ==lo== ha contado.")

2. ==El pronombre de objeto directo== viene antes del ==pronombre de objeto indirecto==, pero entonces la preposición **to** siempre debe venir antes del ==pronombre de objeto indirect==

Ejemplos:
- He gives ==the pencil== **to** ==her==

- He shows ==it==(the park) **to** ==her==
  (==Le== muestra ==el parque==)

- He told ==it== **to** ==her==
  ("==Se== ==lo== ha contado.")

Si los pronombres de objeto están en una frase con el infinitivo, no se adjuntan al infinitive

Ejemplos:
- "Does Luiz know ==this movie==?" – "No, but he wants to see ==it==."

(„Luiz conoce esta pelicula?" – „ No, pero quiere verla."

- „Did Luiz give her the pencil?" – „No, but he wants to give it(the pencil) to her."
  („Luiz le dio el lápiz?" – „No, pero quiere dárselo.")

Si el objeto directo es una persona, se omite la preposición antes del nombre
Ejemplos:
- **You know Luiz?**
  (Conoces a Luiz?)

Algunos ejemplos más de pronombres de objeto indirecto y pronombres de objeto directo en una frase
- Did Luiz give Elena the pencil?
  (Luiz le dio el lápiz a Elena?)
- The visitors brought Luiz a gift
  (Los visitantes le han traído un regalo a Luiz)
- Luiz brought some presents to the visitors
  (Luiz les ha traído algunos regalos a los visitants)
- He shows Luiz the park
  (Le muestra el parque a Luiz)

Capítulo 5

frases interrogativas y palabras interrogativas.

Hay dos formas de formular una pregunta en inglés
1. **Pregunta con un verbo auxiliar.**
2. **Pregunta sin un verbo auxiliar.**

Ejemplos:
- „**Do** you know Luiz?"
  or „You know Luiz?" (Conoces a Luiz?)
- „**Does** Luiz give her the pencil?"
  or "Luiz gives her the pencil?"

El verbo auxiliar de los pronombres personales(I, you, we, you(pl.),they) es..**do**

El verbo auxiliar de la 3. Persona del singular(he, she, it) es..**does (Capítulo 2..(to)do)**

En el segundo ejemplo („Does Luiz give her the pencil?") la **s** se omite del verbo (give) porque ya está contenida en el verbo auxiliary

Palabras interrogativas en ingles.

- **What**..por ejemplo: "**What** does this man say?"
  ("**Qué** dice este hombre?")
- **Where**..por ejemplo: "**Where** is Luiz from?"
  Or "Where does Luiz come from?"(**De dónde** es Luiz?")
- "**Who** is Luiz?"..("**Quién** es Luiz?")
- "**Who** are this people?"..("**Quiénes** son estas personas?"
- "**Whoes** bags are those?"..(**De quién** son estas bolsas?")
- "**Where** is Luiz?" ("**Dónde** está Luiz?")
- "**Where** does this train go?"..(**Adónde** va este tren?")

la misma palabra se usa para **donde**, **de dónde** y **adónde** en ingles.. **where**

- „**How much** does this bag cost?" ("**Cuánto** cuesta esta bolsa?")
- "**How** are you?"..(**Cómo** estás?")
- "**How** does Luiz know?"..(**Cómo** sabe Luiz?")
- "**Why** is this store closed today?"..("**Por qué** está cerrada esta tienda hoy?")
- "**When** arrives Luiz?"..(**Cuándo** llega Luiz?)

Hay una diferencia entre cual y que en ingles.
Ejemplos:
- "**What** is your name?"..(**Cuál** es tu nombre?")
- "**Which** bag does Luiz like?"..(**Qué** bolsa le gusta a Luiz?)
- ("**Which** bag does Luiz take?"-"**Which** one he likes."..(**Qué** bolsa toma Luiz?-**Cual** le gusta.)

En inglés, la palabra **which(cual)** viene antes del **sustantivo**

Si una frase interrogativa también contiene una palabra de pregunta, siempre se debe usar el verbo auxiliar, a menos que el verbo sea **(to)be(ser)**

Ejemplos por frases con una plabra de pregunta.

- "**Where** does Luiz come from?"..(De dónde es Luiz?)
  or Where **is** Luiz from?
  Pero no ~~Where Luiz comes from?~~
  Y no ~~Where comes Luiz from?~~
- "**How** much **is** this bag?"
  or "**What** does this bag cost?"..(Cuánto cuesta esta bolsa?)

En relación con el simple past, que corresponde al indefinido el verbo auxiliar (to)do se convierte en..did(Past Simple)

Ejemplos:
- "Did Luiz give her the pencil?"..(Luiz le dio el lápiz?)
- "Did you buy the bag?"..(Compraste la bolsa?)

Capítulo 6

Los pronombres reflexivos

En Inglés los pronombres reflexives se usan principalmente en para enfatizar que alguien está haciendo algo por sí mismo

(Yo)->myself
(tú)->yourself
(él,ella)->himself,herself
(nosotros,nosotras)->ourselves
(vosotros,vosotras)->yourself
(ellos,ellas)->themselves

Ejemplos:
- He discovers the recipe himself.. (Él mismo descubre la receta)
- Luiz knows this city himself..(Luiz conoce esta ciudad él mismo)
- They bake the cake themselves..(Ellos mismos hornean el pastel)
- He washs himself..(se lava)

En español hay muchos verbos reflexivos que no lo son en inglés

Ejemplos:
- Luiz puts on a shirt..(Luiz se pone una camisa)
- This day you wake up early..(Este día te despiertas muy temprano.
- This day you stand up early..(Este día te levantas temprano.)
-

Pronombres posesivos

Singular	Plural
my	my
your	your
his	his
our	our
your	your
their	their

En inglés no hay diferencia entre los pronombres posesivos en Singular y Plural

Ejemplos:
- These **are his shoes** (estos son **sus** zapatos)
- This **is his bag** (esta es **su** bolsa)
- This **is your bag** (esta es **tu** bolsa)
- These **are your bags** (estas son **tus** bolsas)

Pronombres posesivos después de un sustantivo

(yo)->mine
(tú)->yours
(él,ella)->his
(nosotros,nosotras)->ours
(vosotros,vosotras)->yours
(they)->theirs

Ejemplos:
- **These bags are mine..(estas bolsas son mías)**
- **This bag is yours..(esta bolsa es tuya)**
- **This bag is his..(esta bolsa es suya)**
- **These bags are ours..(estas bolsas son nuestras)**
- **These bags are yours..(estas bolsas son vuestras)**
- **These bags are theirs..(estas bolsas son suyas)**

Ejemplo con una pregunta.
Whose table is this?..(De quién es esta mesa?)
- **This is his table(pronombre posesivo)**
- **This is the table of Luiz(Dativo)**
  Or this is Luiz's table
- **This table is his**

Pronombres demostrativos

En inglés no hay diferencia entre los pronombres demostrativos en femenino y masculino cuando hay algo cerca.:

Singular: this(esto,esta)
Plural: these(estos,estas)

Ejemplos:
- **This city has a park..(Esta ciudad tiene un parque.)**
- **These shirts are blue..(Estas camisas son azules.)**
- **This is Luiz..(Esto es Luiz)**

- "This one or this bag?"-"the blue one"..("Este o esta bolsa?"-"la azul.")
- This trees are in the park..(Estos árboles están en el parque.)
- This tree is big..(Este árbol es grande.)

Cuando alguien o algo está más lejos

Singluar:that(eso,esa)
Plural:those(esos,esas)

La palabra that también puede referirse al Pretérito
Ejemplo:
-That game was nice

Capítulo 7

la negacion en ingles.

Si el verbo es negativo, también se debe usar el verbo auxiliar (to)do

Ejemplo:
- Luiz doesn't know anything about it..(luiz no sabe nada al respecto)
  Or..Luiz knows nothing about ist

  En este caso se niega la palabra anything(algo) y no el verbo
  (En inglés no hay doble negación)

Otros ejemplos:
- Luiz has no football..(Luiz no tiene fútbol)
  Or : Luiz does not have a football..(el verbo es negado)
  Pero no: ~~Luiz has not football~~
- Luiz does not find his key..(Luiz no encuentra sus llaves)
- They do not find this store..(Ellos no encuentran esta tienda)
- Luiz does not go to the store today..(luiz no va al tienda hoy)
- Luiz has never been to Italy..(Luiz no fue nunca en italia)

Una excepción es la palabra (to)be(ser), donde no se necesita un verbo auxiliar

Ejemplos:
- Luiz is not in this city..(Luiz no está en esta ciudad)
- The shirts are not green..(las camisas no son verdes)

las preposiciones.

ejemplos:

- **in** the street (**en** la calle)
- **on** the tree (**en** el árbol)
- **on** the table (**en** la mesa)
- this bag is **for you..(objeto directo,acustativo)..**(esta bolsa es **para tí)**
- thanks **for** the bag..(gracías **por** la bolsa**)**
- the shop is open **from** ten **to** eight..(la tienda está abierta **de** diez **a** ocho)
- a kilo **of** apples..(un kilo **de** manzanas)
- the pen is **from** Luiz..(El lapíz es **de** Luiz)
- the people clean this place **from** the inside out..(las personas limpian este lugar de dentro hacia afuera

Las preposiciones **por** y **para** en Inglés

Frases con por:

- Thank you very much **for** the gift..(Muchas gracias **por** el regalo)
- He couldn't get there early **because of** that road..(Él no puede llegar temprano **por** este calle)
- He sees the information through the night..(Ve las informaciones **por** la noche.)
- He goes down the street..(Él camina **por** la calle.)
- He is in/around the city..(Está **por** la ciudad.)
- He answers the question with a message/by a message..(Él responda la pregunta **por** un message.)
- He buys a table **for** a few dollars..(Él compra un mesa **por** unos dollars)
- He changes the green sweater **for** a blue sweater..(Él cambia el jerséy verde **por** und jerséy azul.)
- The building was contructet **by** this man..(El edificio fue construido **por** este hombre.)

Frases con para:

- He uses this article **to** inform himself..(Él usa este artículo **para** informarse.)
- The train to Lisbon..(Él tren **para** Lissabón sale en cincominutos.)
- He needs those things **for** Friday..(Él necesita estas cosas **para** el viernes.)
- This article is **for** you..(Este artículo es **para** ti.)
- It's possible **for** him..(**Para** él esto es possible.)

otras preposiciones

a la (derecha)	to the(right)
al fin de..	at the end of..
abajo	down,under(of)
hasta la (calle)	up to (street)
encima de	up, over
por	through,out,because of
dentro	inside
(al)norte	to the(north)
(al)oeste	(to the)west
delante,detrás	forward,backward

a la (izquierda)	to the(left)
arriba	up,up(stairs)
en la esquina	in the corner
sobre	up, over
para	until, after, for
hacia	after, until
afuera	outside
(al)sur	to the(south)
(al)este	to the(east)
dirrecíon	address,direction

Ejemplos:

- The book is on the table..(El libro está encima de mesa)
- The restaurant is downstairs in the hotel..(El restaurante está abajo en el hotel)
- What is the address of this shop?..(Cual es la drección de esta tienda?)
- until the end of the street..(hasta el fin de la calle)
- They have to take the train south..(Ellos tienen que tomar el tren al sur)
- Luiz has to take the second street left..(Luiz tiene que girra la segunda calle a la izquierda)
- The train goes to Madrid..(El tren es para Madrid)
- The tree is in the left corner..(El arból está en la esquina izquierda)
- The people are already outside..(Las personas ya están afuera)

Capítulo 8

El Pretérito en Inglés.

Hay dos tiempos en Inglés que se usan comúnmente
1. el Simple Past..(corresponde al Indefinido)
2. el Present Perfect..(correspnde al Perfecto)

el Simple Past.:
- las formas regulares se forman añadiendo la terminación -ed al infinitive
- la forma del verbo es la misma para todas las personas y en singular y plural

Ejemplos de verbos regulars:

1. (to)call(llamar)
   I,you,he she,it,we,you,they -> called

2. (to)play(tocar,jugar)
   I,you,he,she,it,we,you,they -> played

una excepción es el verbo (to)be(ser)

I was..(Yo)fui
You were..(tú)fuiste
He,she,it was..(él,ella)fue
We were..(nosotros,nostras)fuimos
You were..(vosotros,vosotras)fuisteis
They were..(ellos,ellas)fueron

El Present Perfect
- el Perfecto se forma con el verbo auxiliar(to)have en presente y el Past Participle
- El Past Participle corresponde al Simple Past en verbos regulares y algunos verbos irregulars

Ejemplos de los verbos regulares.:

1. **(to)call(llamar)**

I have called..(Yo)he llamado
You have called..(tú)has llamado
He,she,it has called..(él,ella)ha llamado
We have called..(nosotros,nosotras)hemos llamado
You have called..(vosotros,vosotras)habéis llamado
They have called..(ellos,ellas)han llamado

(El verbo (to)have en Simple present:
I,you, we, you, they-> have..y he,she,it->has)

2. **(to)play(jugar,tocar)**

I have played..(Yo)he jugado
You have played..(tú)has jugado
He,she,it has played..(él,ella)ha jugado
We have played..(nosotros,nosotras)hemos jugado
You have played..(vosotros,vosotras)habéis jugado
They have played..(ellos,ellas)han jugado

El verbo auxiliary(to)have también puede estar solo..por ejemplo:
Luiz has short hair..(Luiz tiene pelo corto)..(to)have(tener)

El verbo (to)be(ser) en Present Perfect.
I,you,we, you,they->have been
He,she,it->has been

Los verbos irregulars en Simple Past y Present Perfect

El verbo (to)have en Simple Past.
I,you,he,she,it,we,you,they->had

El verbo (to)have en Present Perfect
(I,you,we,you,they->have..had.)
(He,she,it->has..had.)

Otros verbos irregulars:

Simple past	Present Perfect	
	(to)have	Past participle
1.I,you,we,you they awoke He,she it awoke	have has	awoken awoken
2.I,you,we,you they became He,she it bacame	have has	become become
3.I,you,we,you they began He,she it began	have has	begun begun
4.I,you,we,you they bound He,she it bound	have has	bound bound
5.I,you,we,you they broke He,she it broke	have has	broken broken
6.I,you,we,you they brought He,she it brought	have has	brought brought
7.I,you,we,you they built He,she it built	have has	built built
8.I,you,we,you they burnt He,she it burnt	have has	burnt burnt
9.I,you,we,you they bought He,she it bought	have has	bought bought
10.I,you,we,you they could He,she it could		
11.I,you,we,you they caught He,she it caught	have has	caught caught
12.I,you,we,you they chose He,she it chose	have has	chosen chosen
13.I,you,we,you they came He,she it came	have has	come come
14.I,you,we,you they cost He,she it cost	have has	cost cost
15.I,you,we,you they cut He,she it cut	have has	cut cut
16.I,you,we,you they did He,she it did	have has	done done
17.I,you,we,you they dreamt He,she it dreamt	have has	dreamt dreamt
18.I,you,we,you they drank He,she it drank	have has	drunk drunk
19.I,you,we,you they drove He,she it drove	have has	driven driven
20.I,you,we,you they ate	have	eaten

He,she it	ate	has	eaten
21.I,you,we,you they	fell	have	fallen
He,she it	fell	has	fallen
22.I,you,we,you they	felt	have	felt
He,she it	felt	has	felt
23.I,you,we,you they	found	have	found
He,she it	found	has	found
24.I,you,we,you they	flew	have	flown
He,she it	flew	has	flown
25.I,you,we,you they	forbade	have	forbidden
He,she it	forbade	has	forbidden
26.I,you,we,you they	forgot	have	forgotten
He,she it	forgot	has	forgotten
27.I,you,we,you they	forgave	have	forgiven
He,she it	forgave	has	forgiven
28.I,you,we,you they	got	have	got
He,she it	got	has	got
29.I,you,we,you they	gave	have	given
He,she it	gave	has	given
30.I,you,we,you they	went	have	gone
He,she it	went	has	gone
31.I,you,we,you they	hung	have	hung
He,she it	hung	has	hung
32.I,you,we,you they	heard	have	heard
He,she it	heard	has	heard
33.I,you,we,you they	hid	have	hidden
He,she it	hid	has	hidden
34.I,you,we,you they	held	have	held
He,she it	held	has	held
35.I,you,we,you they	kept	have	kept
He,she it	kept	has	kept
36.I,you,we,you they	knew	have	known
He,she it	knew	has	known
37.I,you,we,you they laid		have	laid
He,she it	laid	has	laid
38.I,you,we,you they	led	have	led
He,she it	led	has	led
39.I,you,we,you they	learnt	have	learnt
He,she it	learnt	has	learnt
40.I,you,we,you they	left	have	left
He,she it	left	has	left
41.I,you,we,you they	let	have	let
He,she it	let	has	let
42.I,you,we,you they	lay	have	lain
He,she it	lay	has	lain
43.I,you,we,you they	lost	have	lost

He,she it lost	has	lost
44.I,you,we,you they made	have	made
He,she it made	has	made
45.I,you,we,you they met	have	met
He,she it met	has	met
46.I,you,we,you they paid	have	paid
He,she it paid	has	paid
47.I,you,we,you they put	have	put
He,she it put	has	put
48.I,you,we,you they read	have	read
He,she it read	has	read
49.I,you,we,you they rang	have	rung
He,she it rang	has	rung
50.I,you,we,you they ran	have	run
He,she it ran	has	run
51.I,you,we,you they said	have	said
He,she it said	has	said
52.I,you,we,you they saw	have	seen
He,she it saw	has	seen
53.I,you,we,you they sent	have	sent
He,she it sent	has	sent
54.I,you,we,you they set	have	set
He,she it set	has	set
55.I,you,we,you they shone	have	shone
He,she it shone	has	shone
56.I,you,we,you they showed	have	shown
He,she it showed	has	shown
57.I,you,we,you they sang	have	sung
He,she it sang	has	sung
58.I,you,we,you they sat	have	sat
He,she it sat	has	sat
59.I,you,we,you they slept	have	slept
He,she it slept	has	slept
60.I,you,we,you they smelled	have	smelled
He,she it smelled	has	smelled
61.I,you,we,you they spoke	have	spoken
He,she it spoke	has	spoken
62.I,you,we,you they spent	have	spent
He,she it spent	has	spent
63.I,you,we,you they sprang	have	sprung
He,she it sprang	has	sprung
64.I,you,we,you they stood	have	stood
He,she it stood	has	stood
65.I,you,we,you they took	have	taken
He,she it took	has	taken
66.I,you,we,you they taught	have	taught

He,she it	taught	has	taught
67.I,you,we,you they told	told	have	told
He,she it	told	has	told
68.I,you,we,you they thought	thought	have	thought
He,she it	thought	has	tought
69.I,you,we,you they threw	threw	have	thrown
He,she it	threw	has	thrown
70.I,you,we,you they wore	wore	have	worn
He,she it	wore	has	worn
71.I,you,we,you they won	won	have	won
He,she it	won	has	won
72.I,you,we,you they wrote	wrote	have	written
He,she it	wrote	has	written

lista de verbos irregulars

1.(to)awake(despertarse)
2.(to)become(convertirse)
3.(to)begin(empenzar)
4.(to)bind(unir)
5.(to)break(romper)
6.(to)bring(traer)
7.(to)build(construer)
8.(to)burn(quemar)
9.(to)buy(comprar)
10.(to)can(poder)
11.(to)catch(atrapar)
12.(to)choose(elegir)
13.(to)come(venir)
14.(to)cost(costar)
15.(to)cut(cortar)
16.(to)do(hacer)
17.(to)dream(soñar)
18.(to)drink(beber)
19.(to)drive(conducir)
20.(to)eat(comer)
21.(to)fall(caer)
22.(to)feel(sentir)
23.(to)find(encontrar)
24.(to)fly(volar)
25.(to)forbid(prohibir)
26.(to)forget(olividar)
27.(to)forgive(perdonar)
28.(to)get(recibir)
29.(to)give(dar)
30.(to)go(ir)
31.(to)hang(colgar)
32.(to)hear(oír)
33.(to)hide(esconder)
34.(to)hold(sostener)
35.(to)keep(mantener)
36.(to)know(conocer)
37.(to)lay(poner)
38.(to)lead(liderar)
39.(to)learn(aprender)
40.(to)leave(salir)
41.(to)let(dejar)
42.(to)lie(acostarse)
43.(to)lose(perder)
44.(to)make(hacer)
45.(to)meet(encontrarse)
46.(to)pay(pagar)
47.(to)put(poner)
48.(to)read(leer)
49.(to)ring(tocar)
50.(to)run(caminar)
51.(to)say(decir)
52.(to)see(ver)
53.(to)send(envíar)
54.(to)set(poner)
55.(to)shine(lucir)
56.(to)show(mostrar)
57.(to)sing(cantar)
58.(to)sit(sentar)
59.(to)sleep(dormir)
60.(to)smell(oler)
61.(to)speak(hablar)
62.(to)spend(gastar)

63.(to)spring(saltar)   64.(to)stand(aguantar)
65.(to)take(tomar)   66.(to)teach(enseñar)
67.(to)tell(contar)   68.(to)think(pensar)
69.(to)throw(tirar)   70.(to)wear(llevar)
71.(to)win(ganar)   72.(to)write(escribir)

Uso y ejemplos del Simple Past.

- Se usa **el Simple Past** si una acción o evento en el pasado **se considera completado**
- **las palabras de señal** para el Simple Past son para ejemplo **yesterday(ayer), three months ago(hace tres meces) o last week(el semana pasado)**

Ejemplos:

- **Last week** they went to the cinema. (El semana pasado ellos fueron al cine.)
- **Yesterday** it rained a lot (Ayer llovió mucho.)
- **Three years ago** he went to Italy (Hace tres años fue a Italia)
- He was never in this city (Nunca estuvo a esta ciudad)

La negacion en Pasado Simple.

- Para la negacion se usa el verbo auxiliar **(to)do en Simple Past** y el verbo sigue en infinitivo

Ejemplos:

- Last week they **didn't** go to the cinema. (El semana pasado no fueron al cine.)
- Yesterday it **didn't** rain (Ayer no llovió)

Una excepción es el verbo ser(to)be, donde no se usa ningún verbo auxiliar

I was not..((Yo)no fui)
You were not..((tú)no fuiste
He,she,it was not..((él,ella)no fue)
We were not..((nosotros,nosotras)no fuimos)
You were not..((vosotros,vosotras)no fuisteis)
They were not..((ellos,ellas)no fueron)

Ejemplos:

- He **was not** in this city since yesterday (Desde ayer no estuvo en esta ciudad)
- Yesterday they **were not** at his place (Ayer no estuvieron en este lugar)

Uso y ejemplos del Persent Perfect.

- El perfecto se usa si el evento todavía se considera actual
- En el caso de la negación, se niega el verbo auxiliar (to)have y el verbo sigue en Past Participle, como en las oraciones no negativas
- Las palabras de advertencia son, por ejemplo **already(ya), not yet(todavía no), ever(alguna vez) y today(hoy)**

Ejemplos:
- **Has he ever been in this city? (Ha estado alguna vez en esta ciudad?)**
- **He has not arrived yet (Todavía no ha llegado)**
- **Has Luiz aleady arrived? (Luiz ya llegó?)**
- **They have not arrived at this place yet (Todavía no han llegado a este lugar)**

El Pretérito Perfecto se puede comparar con el pluscuamperfecto..el verbo auxiliar (to)have está en Past Simple y el verbo sigue en Past Participle

I,you,he,she,it,we,you,they->had..(verbo en participle)
Ejemplo:
- **When Luiz arrives the film had already begun. (Cuando Luiz llegó la pelicula ya había empezado)**

Capítulo 9

El Present Continuous.

- El Present Continuous corresponde al Gerundio en Español y describe una acción que está sucediendo
- El Present Continuous se forma con el verbo auxiliar de to(be) y el verbo(Infinitivo con la forma –ing)

I am..cooking..(Yo)estoy cocinando
You are..cooking..(tú)estás cocinando
He,she,it is..cooking..(él,ella) está cocinando
We are..cooking..(nosotros,nosotras)estamos cocinando
You are..cooking..(vosotros,vosotras)estáis cocinando
They are..cooking..(ellos,ellas)están cocinando

otros ejemplos de verbos en la forma -ing

send->sending	spend->spending
sleep->sleeping	buy->buying
fall->falling	choose->choosing
drink->drinking	drive-driving
dream->dreaming	fall->falling

también hay verbos irregulares

set->setting	put->putting
get->getting	set->setting
get->getting	swim->swimming

pero también hay verbos(state verbs) que no se usan en la –ing forma por ejemplo

- (to)agree, (to)be, (to)want, (to)can, (to)know, (to)seem, (to)wish, (to)imagine

Ejemplo:
- He is agree with this..(él está acuerdo con esto)
  Y no..~~he is agreeing with this~~

Ejemplos de Pesent Continuous.
- Luiz is cooking (Luiz está cocinando)
- They are swimming (Ellos están nadando)

También se puede usar la forma -ing para nombrar un verbo
Ejemplos:
- Luiz likes swimming (A Luiz le gusta nadar)
  or Luiz likes to swim
- Luiz likes cooking (A Luiz le gusta cocinar)
  or Luiiz likes to ccok

El Present Continuous también hay en el Pretérito(Past Continuous)

I was..cooking
You were..cooking
He,she,it was..cooking
We were..cooking

You were..cooking
They were..cooking

En inglés no existe el imperfecto, la mayoría de las veces se usa el Simple Past o a veces la forma(Past Continuous)
Ejemplos:

- He went to a Spanish course. Every day he has to bring a few things. (Él iba a un curso de español. Cada día tenia que llavar algunos cosas.)
- A few years ago, a computer was very exclusive..(Hace unos años, una computadora era muy exclusive)
- He was walking down the street and immediately saw a new store..(Él caminaba por la calle y enseguida vio una tienda nueva.)
- They were sitting on the bank when a ship appeared..(Ellos estaban sentados en la orilla cuando apareció un barco.)
- He was on the street and did not know the name of the hotel when a person passed by..(Él estaba en la calle y no sabia el nombre del hotel cuando una persona pasó.)

En inglés, cuando tienes la intención de hacer algo o planeas algo, usas esta forma para expresar algo en el future
- **(going..to y verbo(en infinitivo))**

I am going..to(swim)	(Yo)voy a..nadar
You are going..to(swim)	(tú)vas a..nadar
He,she,it is going..to(swim)	(él,ella)va a..nadar
We are going..to(swim)	(nosotros,-as)vamos a nadar
You are going..to(swim)	(vosotros,-as)vais a nadar
They are going..(to)swim	(ellos,ellas)van a nadar

Ejemplos:
- **Luiz is going to eat..(Luiz va a comer)**
- **What are they going to do in the weekend?..(Qué van a hacer en el fin de semana?)**

Capítulo 10

El futuro en ingles.

- Para expresar algo en futuro en inglés se usa la forma **will** y **verbo(infinitivo)**
- **Es la misma forma para todas las personas en Singular y Plural**

I,you,he,she,it,we,you,they->will..(verbo en infinitivo)

formas cortas.:
I will->I'll..(verbo)
You will->you'll..(verbo)
He will->he'll..(verbo)
We will->we'll..(verbo)
You will->you'll..(verbo)
They will->they'll..(verbo)

Ejemplos:
- Next year **Luiz will travel** a Italy..(El próximo año Luiz viajará a Italia)
- Next year **they will visit** this place..(or..Next year they'll visit this place)..(El próximo año visitarán este lugar)
- Luiz hopes that the train **will arrive** early..(Luiz espera que el tren llegue temprano)
- Next month **they will arrive**..(El próximo mez llegarán)

Ejemplos de frases negativas:
- **Next year Luiz won't travel a Italy..(or..Next year Luiz will not travel a Italy)..(Él próximo año Luiz no viajará a Italia)**
- **Next month they won't arrive..(or..Next month they will not arrive)..(Él próximo mez no llegarán)**

También puede usar el tiempo Futuro para expresar suposiciones

Ejemplo:
- Luiz suspects that **it will rain** soon..(Luiz supone que lloverá pronto)

El tiempo futuro también se usa para frases condicionales reales

Ejemplos:
- If it rains tomorrow **they will go** to the cinema..(Si mañana llueve ellos irán al cine)
- If Luiz gets up early **he will arrive** punctually..(Si Luiz se levanta temprano llegará puntual..)

El Condicional en ingles.

- **Se usa el condicional para sugerencias, consejos para solicitudes educadas, así como para cosas que se pueden realizar bajo ciertas condiciones**
- **Para el condicional usas la forma would y el verbo(en infinitivo)**
- **La forma es la misma para todas las personas en Singular y Plural**

I,you,he,she,it,we,you,they->would..(verbo en infinitivo)

Ejemplos:
- He **would like to go** to the party, but that day he doesn't have time..(Él gustaría mucho ir a fiesta, pero en el este día no tiene tiempo.)
- He **would watch** more films for more information..(Él vería más películas para más informacíon.)
- Would you buy these things?..(Comprarías estas cosas?)
- He **would not go** to places that are too touristy..(or..He wouldn't go tp places that are too touristy)..(Él no iría a sitios demasiado turisticos.)
- **Could** you do me a favor?..(Podrías hacerme un favor?)

Can(verbo modal)->could

El Condicional también se usa en frases conditionales irreales
Ejemplo:
- If they had more information, they **could** go to this place..(Si ellos tuvieran más información podrían ir a este lugar.)

En Inglés no hay subjuntivo como en Español

- **Normalmente se usa el Presente indikativo o Futuro en lugar del subjuntivo**

Ejemplos:
- I want that **you enjoy this trip** very much..or.. I want you to enjoy this trip very much (.Quiero que desfrutes mucho este viaje.)
- I'm glade that **you do this trip**..or..I'm glad you're doing this trip..(Me alegro de que hagas este viaje.)
- We ask you that **you write** us regularly..or we ask you to write us regulary..(Te pedimos que nos escribas regularmente.)
- I hope that **you will call** me every day..or I hope you will call me every day.. (Espero que me llames todos los días.)
- I recommend that **you look for** a hotel in this city..(Te recomiendo que busques un hotel en esta ciudad.)
- Maybe **you will find** a hotel near to this place..(Quizás encuentres/encuentras un hotel cerca de este lugar.)
- It is important that **you will arrive** early at the station..(Es importante que llegues temprona a la estacion)
- I don't think **Luiz is** right..(No creo que Luiz tenga razón.)

El subjuntivo rara vez se usa en Inglés, incluso frases condicionales irreales
Ejemplo:
- If they **had** more information, they could go to this place..(Si ellos tuvieran más información podrían ir a este lugar.)

El subjuntivo también se usa después del verbo (to)wish
Ejemplo:
- He wishs he were at this place..(Él desea que esté en este lugar)

Capítulo 11

Los verbos modales en ingles.

- (to)can(poder)
- (to)shall(deber)
- (to)have to..(tener que)
- (to)may(poder)
- (to)should(deber)

Ejemplos:

- Luiz **can play** soccer..(Luiz puede jugar fútbol)
- Luiz **could play** soccer..(Luiz podría jugar al fútbol)
- Luiz **shall(should)** write un message..(Luiz debe escribir una mensaje)
- Luiz **should** come to this place..(Luiz debería venir a este lugar)
- Can Luiz open the door?..(Luiz puede abrir la puerta?)
- They **can** buy this things..(Ellos pueden comprar estas cosas)
- They **must not buy this things**..(Ellos no tienen que comprar estas cosas)
- They **have to buy this things**..(Ellos tienen que comprar estas cosas)
- Luiz **can't go to the party**..(Luiz no puede ir a la fiesta)
- Luiz **doesn't have to go to the meeting**..(Luiz no tiene que ir a la reunion)

Los verbos modales(can,must,may,should) son iguales para todas las personas y en Singular y Plural y no se necesita el verbo auxiliary (to) en las frases negativas

Excepción (to)have to(tener que)
- Luiz **has to buy this things**..(Luiz tiene que comprar estas cosas)
- Luiz **doesn't have to buy this things**..(Luiz no tiene que comprar estas cosas)

Después del verbo **(to)want** sigue en inglés
to y el infinitivo

Ejemplos:
- They want **to go to the party**..(Ellos quieren ir a la fiesta)
- Luiz wants **to swim**..(Luiz quiere nadar)
- He doesn't want **to go to the party**..(Él no quiere ir a la fiesta)

Los números ordinals

El número ordinal es lo mismo en Singular y Plural
1° first
2° second
3° third
4° fourth
5° fifth
6° sixth
7° seventh
8° eighth
9° ninth
10° tenth

Ejemplos:
- **the first street**..(la primera calle)
- **the first day**..(el primer día)
- **the second day**..(el segundo día)
- **the third day**..(el tercer día)

- **the first days..(los primeros días)**

En inglés hay dos verbos((to)to do,(to)make) para el verbo(hacer)
La palabra **to(do)** se usa para actividades y la palabra **(to)make** parar crear algo o hacer(algo) el mismo..(to)make se refiere más al resultado

Ejemplos:
- **(to)make the bed..(hacer la cama)**
- **(to)make an omelette..(hacer una tortilla.)**
- **He makes the cake himself..(él hace el pastel él mismo.)**
- **(to)make a comment..(hacer un comentario.)**
- **(to)make a plan..(hacer un plan.)**
- **(to)make breakfast..(preparar el desayuno.)**
- **(to)do a exercise..(hacer un ejercicio.)**
- **(to)do a favor..(hacer un favor)**
- **(to)do some activity..(hacer alguna actividad.)**

El imperativo en Inglés.

- **En inglés, el imperativo siempre tiene la misma forma que el infinitivo**
- **el imperativo va al principio de la frase**

Ejemplos para el imperative afirmado:
- **Luiz: "Open the book"**
- **Luiz: "Clean this place"**
- **Luiz: "Give me this glass"**

Ejemplos para el imperativo negado:
- **Luiz: "Don't open the book"**
- **Luiz: "Don't try this drink"**
- **Luiz: "Don't put the bottle on the table"**

Estilo indirecto(reported speech) en Ingles.
- Si el verbo decir está en tiempo presente, se conservan las formas utilizadas en el estilo indirecto

Ejemplo:
- Luiz: "This town has many parks."...Luiz says (that) that town has many parks. (Luiz dice (que) ese ciudad tiene muchos parques.)
- Luiz: "I play football."..Luiz says (that) he plays football." (Luiz dice (que) juega al fútbol".)

(Se conservan las formas, pero se deben ajustar algunos lugares y pronombres personales)

Por ejemplo:
- this evening(esta noche)->that evening
- today(hoy)->that day
- tomorrow(mañana)->the next day.
- here(aquí)->there
- yesterday(ayer)->a day before.
- last week(una semana pasada)->a week before.

Si el verbo decir está en Pretérito, las formas cambian de la siguiente manera

Formas Simples
Simple Present->Simple Past
Simple Past->Past Perfect
Present Perect->Past Perfect
Past Perfect->Past Perfect
Futuro->Conditional

Formas progresvas..(progressive forms)
am,are,is..(verbo con –ing forma)->was,were..(-ing forma)
was,were..(verbo con –ing forma)->had been..(-ing forma)

Ejemplos:
- **Luiz:"I go to this store."..Luiz told (that) he went to that store.** (Luiz dijo (que) fue a esa tienda.)
- **Elena: "I was in this town yesterday."..Elena said (that) she had been(past perfect.) in that city the day before.**(Elena dijo (que) ella había estado(pluscuamperfecto) en esa ciudad el día anterior)
- **Luiz: "They will go to this park."..Luiz told (that) they would go to that park.** (Luiz dijo (que) irían a ese parque.)
- **Elena: "They have already eaten."..Elena told (that) they had already eaten(past perfect)..**(Elena dijo (que) ya habían comido(pluscuamperfecto))
- **Luiz: "I am sitting(present progressive) on a bank."..Luiz said (that) he was sitting(past progressive) on a bank..**(Luiz dijo (que) estaba sentado(pasado progresivo) en un banco)

(En algunos casos, no es necesario cambiar la forma si las declaraciones aún se aplican)
Ejemplo:
- Luiz: "He is in this town."..Luiz said (that) he was in this town..o..si todavía está ahí..Luiz said (that) he is in this town..(ambos es possible.)

Estilo indirecto con preguntas.
- Si la oración introductoria para la pregunta está en Presente, el forma se conserva en el estilo indirect
- De lo contrario, las formas cambian como en las frases declaraciónes
- La frase interrogativa en estilo indirecto se introduce con if(si)

Ejemplos:

- Elena: "**Does** Luiz **play** soccer?"..Elena **asks if Luiz plays soccer**.. (Elena pregunta si Luiz juega al fútbol)
- Luiz: "**Can** you(Elena) **open** the door?"..Luiz **asked if she could open the door**..(Luiz le preguntó si podía abrir la puerta.)
- Luiz: "**Have they visited** this park?"..**Luiz asks if they have visited that park.** .(Luiz pregunta si han visitado ese parque.)
- Luiz: "**Did** Elena **tell** them the story?"..Luiz **asked if Elena told them this story**..(Luiz preguntó si Elena les contó esta historia.)

Oraciones interrogativas con palabras interrogativas

- El estilo indirecto comienza con la palabra interrogativa
Ejemplos:
- Elena: "**When do they arrive?**..Elena asked when they arrived.. (Elena pregunto cuándo llegaron)
- Luiz: "**Why does this store only open in the evening today?**"..**Luiz asked why this store opend only in the evening that day**..(Luiz preguntó por qué esta tienda abrió solo por la noche ese día.)

Frases interrogativas con el verbo (to)be(ser)

- En las oraciones interrogativas, el verbo (to)be(ser) siempre va antes del sustantivo, pero en el estilo indirecto, el sujeto siempre va antes del verbo
- Sujeto->verbo(oración declarative)

Ejemplos:
- Luiz: "How much is this apple?"..Luiz asks how much the apple is..(Luiz pregunta cuánto cuesta la manzana.)
- Elena: "Where is Luiz from?"..Elena asks where Luiz is from.. (Elena pregunta de dónde es Luiz.)
- Luiz: "Is the store open today?"..Luiz asked if the store was open that day..(Luiz preguntó si la tienda estaba abierta ese día.)

- Luiz: "Where is this park?"..Luiz asks where this park is.. (Luiz pregunta dónde está este parque.)

El imperativo.

- **A diferencia de las oraciones declarativas y las oraciones interrogativas, se conservan las formas en el estilo indirecto incluso si la oración introductoria está en Pretérito**
- **imperativo afirmado.->to y verbo(en infinitivo)**
  imperativo negado.->not to y verbo(en infinitivo)

Ejemplos:
- Luiz: "Hurry up"..Luiz **tells** Elena to hurry up..(Luiz le dice a Elena que se dé prisa)
- Luiz: "Open the door"..Luiz **told** Elena to open the door..(Luiz le dijo a Elena que abriera la puerta)
- Luiz: "Do not open the door"..Luiz **tells** Elena not to open the door..(Luiz le dice a Elena que no abra la puerta)

El estilo indirecto con los consejos.
(después el verbo(to)suggest(sugerir) no puede seguir la forma to..y infinitivo)

Ejemplos
- **Luiz: "Why don't they come to the party?"..Luiz advised to come to the party..** (Luiz aconsejó venir a la fiesta)
- **Luiz: "Why don't they try this new meal?"..Luiz suggested trying this new meal..or Luiz suggested that they should try this new meal..**(Luiz sugirió que deberían probar esta nueva comida)

Capítulo 12

La palabra mucho en Ingles.
En inglés se usan las palabras **much** y **many**

much->se usa el palabra **much para innumerables cosas por ejemplo(water(agua),milk(leche),sand(arena))..(el sustantivo está en Singular)**

many->se usa el palabra **many para numerables cosas por ejemplo(oranges(naranjas),bottles of water(botellas de agua))..(el sustantivo está en Plural)**

Ejemplos:
- The lake has much water..(El lago tiene mucho agua)
- There are many people at this place..(Hay mucha gente en este lugar)
- There are many stores in this street..(Hay muchas tiendas en esta calle)
- Luiz likes this idea very much..(A Luiz le gusta mucho esta idea)
- How much is this table..(Cuánto cuesta esta mesa?)
- There are many bags in the store..(Hay muchas bolsas en esta tienda)

También puedes usar las palabras..(a lot of..or..lots of)
Ejemplos:
- This lake has a lot of water..(Este lago tiene mucho water)
- It rains a lot in April..(Llueve muco en abril)
- He visits al lot of places..(Él visita muchos lugares)
- There are lots of stores in this street..(Hay muchas tiendas en esta calle)
- There are lots of bags in the store..(Hay muchas bolsas en esta tienda)

everyone	todos,-as
every day	cada el día
every day, all days	todos los días
all	todo
the whole world	todo el mundo
each person	cada persona
all day	todo el día
any	cualquier

the whole day..(todo el día)
every day..(cada día)
several days..(varios días)
another day..(un otro día)
the same..(store)..la misma..(tienda)

adverbios y conectores(but(pero),because(porque))
Ejemplos:
- The soup is **too** cold..(la sopa está demasiado fría)
- The lake is **very** big..(El lago es muy grande)
- Luiz doesn't take the tren, **because he** arrives too late at the station..(Luiz no toma el tren, porque llega demasiado tarde a la estación.)
- Luiz wants to go to the party, **but he** has to get up early tomorrow..(Luiz quiere ir a la fiesta, pero tiene que llevantarse temprano mañana)

Someone..(alguien)
Something..(algo)

La diferencia entre las palabras..(some y any)
- se usa **any** con palabras en oraciones negativas o preguntas

Ejemplos:
- Does Luiz know **anyone** from Italy?..(Luiz conoce a alguien de Italia?)
- He doesn't know **anyone** from Italy..(Él no conoce a nadie de Italia)
- Does Luiz know **any** store there?..(Luiz conoce alguna tienda ahí)
- Luiz is **anywhere** in Italy?..(Luiz está en algún lugar de Italia?)

Pero:
- Luiz knows **someone** from Italy..(Luiz conoce a alguen de Italia)
- Luiz knows **some** stores there..(Luiz sabe algunas tiendas ahí)
- They are **somewhere** in Italy..(Ellos están en algún lugar de Italia)

La palabra **hay** en ingles
En Inglés: **there are->Plural**
There is->Singular
Ejemplos:
- In this city are tree parks..(En esta ciudad hay tres parques.)
- In this city thera are many trees..(En esta ciudad hay muchos árboles.)
- In this street there is a store..(En este calle hay tres tiendas.)

algo de vocabulario.

the restaurant,food(meal)

fork	(el)tenedor
knife	(el)cuchillo
plate	(el)plato
bottle	(la)botella
table	(la)mesa
dishes	(los)platos

fruit	(las)frutas
meat	(el)carne
spoon	(la)cuchara
drink	(la)bebida
glass	(el)vaso
the menu	(el)menú
soup	(la)sopa
waitress	Camarero/a
vegetables	(los)vegetales
sauce	(la)salsa

Ejemplo:
- Hello,anything to drink or eat?yes I take..(Hola..algo para comer y tomar?-Si,yo tomo..)

dress,(la ropa)

t-shirt	(la)camisa
dress	(el)vestido
jeans(pl.)	(los)vaqueros
shoes(pl.)	(los)zapatos
pants(istpl.)	los pantalones
pullover	(el)jersey
jacket	(la)chaqueta
socks	(los)calcetines

En inglés hay dos verbos ((to)wear, (to)carry) diferentes para el verbo llevar
- **(to)carry significa llevar algo de un lugar a otro**
- **(to)wear significa algo que se pone(ropa)**

Ejemplos:
- **Luiz wears a blue shirt..(Luiz lleva una camisa azul)**
- **Luiz carries a bag..(Luiz lleva una bolsa)**
- **Luiz is wears a red jacket..(Luiz lleva una chaqueta roja)**

Animals..(los)animales, environment..(ambiente)

lion,-s	león,Pl.leones
horse,-s	caballo,Pl.caballos
bear,-s	oso,Pl.osos
mountain,-s	montaña,Pl.montañas
sea,ocean	(el)mar
much(rain)	(mucho)lluvia
tiger	tigre,Pl.tigres
dogs	perro,Pl.perros
clouds	nube,Pl.nubes
lake,-n	lago,-s
(a lot of)snow	(mucho)nieve
rainforest,rainforests	selva,-s

Ejemplos:
- The bear lives in the mountains..(El oso vive en los montañas)
- The tiger is in the jungle..(El tigre está en la selva)
- The lake water is cold..(El agua de lago está frío)

(los)países

German	alemán,alemana
American	americano/-a
American	estadounidense
(French)Frenchman,-woman	francés/francesa
(English)Englishman,Englishwoman	inglés/inglesa
Italian	italioano/-a
Mexican	mexicano/-a
Honduran	hondureño/-a

Ejemplos:
- He is **G**erman..(Él es alemán)
- She is **G**erman..(Ella es alemana)
- She is from France..(Ella es de Francía)
- He is **E**nglish..(Él es ingles)
- They are **F**rench..(Ellos son franceses)
- She is in England..(Ella está en Inglaterra)

months..(meces)

January	enero
February	febrero
March	marzo
April	abril
May	mayo
June	junio
July	julio
August	agosto
September	septiembre
Oktober	octobre
November	noviembre
December	diciembre

(Los meses se escriben con mayúscula en Ingles)
Ejemplos:
- He was born **in** July..(Nació en julio)
- It rains a lot **in** April..(Lueve muco en abril)

spring	primavera
summer	verano
autumn	otono
winter	invierno

The colors..(los colores)

blue	azul
green	verde
red	rojo,-a
grey	gris
black	negro, -a
white	blanco, -a
brown	marrón
yellow	amarillo,-a
orange	naranjo,-a

(Los colores son adjetivos y van antes del sustantivo)
Ejemplos:
- three blue shirts..(tres camisas azules)
- three red glasses..(tres vasos blancos)
- three red spoons..(tres cucharas rojas)
- a white paper..(un papel blanco)

verbos irregulars:
tabla para llena.
(una lista de verbos en infinitivo está en Capítulo 8)

Simple past	Present Perfect	
	(to)have	Past participle
1.I,you,we,you they	have	
He,she it	has	
2.I,you,we,you they	have	

He,she it	has	
3.I,you,we,you they	have	
He,she it	has	
4.I,you,we,you they	have	
He,she it	has	
5.I,you,we,you they	have	
He,she it	has	
6.I,you,we,you they	have	
He,she it	has	
7.I,you,we,you they	have	
He,she it	has	
8.I,you,we,you they	have	
He,she it	has	
9.I,you,we,you they	have	
He,she it	has	
10.I,you,we,you they		
He,she it		
11.I,you,we,you they	have	
He,she it	has	
12.I,you,we,you they	have	
He,she it	has	
13.I,you,we,you they	have	
He,she it	has	
14.I,you,we,you they	have	
He,she it	has	
15.I,you,we,you they	have	
He,she it	has	
16.I,you,we,you they	have	
He,she it	has	
17.I,you,we,you they	have	
He,she it	has	
18.I,you,we,you they	have	
He,she it	has	
19.I,you,we,you they	have	
He,she it	has	
20.I,you,we,you they	have	
He,she it	has	
21.I,you,we,you they	have	
He,she it	has	
22.I,you,we,you they	have	
He,she it	has	
23.I,you,we,you they	have	
He,she it	has	
24.I,you,we,you they	have	
He,she it	has	
25.I,you,we,you they	have	

41

He,she it	has	
26.I,you,we,you they	have	
He,she it	has	
27.I,you,we,you they	have	
He,she it	has	
28.I,you,we,you they	have	
He,she it	has	
29.I,you,we,you they	have	
He,she it	has	
30.I,you,we,you they	have	
He,she it	has	
31.I,you,we,you they	have	
He,she it	has	
32.I,you,we,you they	have	
He,she it	has	
33.I,you,we,you they	have	
He,she it	has	
34.I,you,we,you they	have	
He,she it	has	
35.I,you,we,you they	have	
He,she it	has	
36.I,you,we,you they	have	
He,she it	has	
37.I,you,we,you they	have	
He,she it	has	
38.I,you,we,you they	have	
He,she it	has	
39.I,you,we,you they	have	
He,she it	has	
40.I,you,we,you they	have	
He,she it	has	
41.I,you,we,you they	have	
He,she it	has	
42.I,you,we,you they	have	
He,she it	has	
43.I,you,we,you they	have	
He,she it	has	
44.I,you,we,you they	have	
He,she it	has	
45.I,you,we,you they	have	
He,she it	has	
46.I,you,we,you they	have	
He,she it	has	
47.I,you,we,you they	have	
He,she it	has	
48.I,you,we,you they	have	

He,she it	has	
49.I,you,we,you they	have	
He,she it	has	
50.I,you,we,you they	have	
He,she it	has	
51.I,you,we,you they	have	
He,she it	has	
52.I,you,we,you they	have	
He,she it	has	
53.I,you,we,you they	have	
He,she it	has	
54.I,you,we,you they	have	
He,she it	has	
55.I,you,we,you they	have	
He,she it	has	
56.I,you,we,you they	have	
He,she it	has	
57.I,you,we,you they	have	
He,she it	has	
58.I,you,we,you they	have	
He,she it	has	
59.I,you,we,you they	have	
He,she it	has	
60.I,you,we,you they	have	
He,she it	has	
61.I,you,we,you they	have	
He,she it	has	
62.I,you,we,you they	have	
He,she it	has	
63.I,you,we,you they	have	
He,she it	has	
64.I,you,we,you they	have	
He,she it	has	
65.I,you,we,you they	have	
He,she it	has	
66.I,you,we,you they	have	
He,she it	has	
67.I,you,we,you they	have	
He,she it	has	
68.I,you,we,you they	have	
He,she it	has	
69.I,you,we,you they	have	
He,she it	has	
70.I,you,we,you they	have	
He,she it	has	
71.I,you,we,you they	have	

He,she it	has	
72.I,you,we,you they	have	
He,she it	has	

Chapter 1

Two neighbors meet on the street on an ordinary afternoon and chat. Henrik an electrician who is currently looking for a job tells Sophia that Jeremy, a neighbor of theirs from their building, has disappeared and left all his belongings in the apartment. Jeremy lived in the same hallway as Henrik. Sophia hasn't lived in the city for very long. Jeremy would probably have left all his stuff there and not told anyone. He probably would have just texted later that he wasn't coming back.

Dialog:
Henrik: Hello, how are you? Have you heard that Jeremy is missing?"
Sophia: "No, I haven't heard anything about it. Tell me, do you know what time it is? I would like to go shopping...
Henrik: "Yes, it's a quarter to seven..Okay, I'll come with you.
Sophia: "Since when did he disappear?
Henrik: "I don't know exactly. Since yesterday between twelve and six, I assume. His brother told me. He just texted him that he wasn't coming back.
The neighbor, Eric, always works from eleven to seven and when he came back and rang Jeremy's bell to ask if one of his packages had arrived, he hadn't opened it.
Sophia: "Yeah, I have no idea. He maybe is in touch again soon or will definitely come by again.
Henrik: "He definitely left his things there.
Then Henrik looks at her with a grin and says..

Henrik: "Maybe something happened to him or maybe they did something to him.
Sophia: "Who do you mean by "she"? I would just wait and see. He'll definitely be in touch again.

Question:
If everyone involved tells the truth, one person who could have had something to do with the disappearance is eliminated. Can you guess which one?
(Si todos los involucrados dicen la verdad, se elimina a una persona que podría haber tenido algo que ver con la desaparición..Puedes adivinar cuál?)

Vocabulary:

Hola, cómo estás?	Hello, how are you?
Cómo te llamas?	What is your name?
(el)nombre	(First)name
(el)apellido	(Last)name
(las)cosas	(the)things
(el)pasillo	(the)corridor
ayer	yesterday
hoy	today
mañana	morning
Qué hora es?Son las..	What time is it?It's..

(la)llave	(the)key
(la)puerta	(the)door
De dónde eres?	Where are you from?
(la)tienda	(the)store
comprar(algo)	(to)buy something
(la)verdad	(the)truth
(la)pregunta	(the)question
contar(algo)	tell(something)
encontrarse	(to)meet
en la calle	In the street
(el)edificio	building

Chapter 2

It's been a few weeks and Jeremy still hasn't shown up. Sophia wonders if her neighbor Henrik might have something to do with it. For a few days he has been spending a lot of time with another neighbor named Lucas, who also lives in his hallway. Lucas is in the Mensa-Veren but, like Henrik, spends a lot of time on the computer. Henrik told Sophia that Jeremy was still in contact with Lucas. To find out if this is the truth, Sophia concocts a story about a supposedly missing package and asks Jeremy's brother for Jeremy's number.
A day later, Sophia accidentally sees Henrik and Lucas outside. Apparently Jeremy's brother told them that Sophia asked for Jeremy's number.

Dialog:
Sophia: "Hi, where are you from?"
Henrik: "We were just at the mailbox..
Sophia: "Lucas are you actually still in contact with Jeremy?"
Lucas: "Yes, a little..why do you ask?"

Sophia: "I got a card from the parcel service that said Jeremy probably accepted a package from me a long time ago.

Lucas answers a little irritated..

Lucas: Yes, I know. Jeremy's brother said you asked about the package. Yes, but why are you only asking about it now? Now all of a sudden you remember that? That was a long time ago, wasn't it?"

Sophia: "I recently found the notification card and somehow no one has contact with him anymore."

Lucas: "Anyway..I was on the phone with him and he doesn't have your package!!

Sophia: "Okay, then that's settled."

Lucas: "Okay..."

Vocabulary:

(el)paquete	(the)package
(el)tiempo	(the)weather
(la)semana	(the)week
afuera	outside
(el)buzón	(the)mailbox
(el)sol	(the)sun
(la)lluvia	(the)rain
número de teléfono	(the)telephone number
llamar(a alguien)	call(someone)
(la)historia	(the)history

Chapter 3

Review.:

Sophia remembers an incident that happened a long time ago. About three months ago there was a fight in this building. Another neighbor named Bob had thrown several bottles out of his window. Henrik claims that this neighbor likes to have a drink and then behaves conspicuously or inappropriately. In any case, Henrik and Bob had then argued over the window. Bob lives one floor above Henrik. After Henrik provoked Bob, he angrily came down the stairwell to Henrik's apartment. Henrik was expecting Bob and told Lucas so he would have a witness if anything happened.

Dialog:

Bob: What are you doing? Leave me alone and let me do my stuff..Why are you interfering?"
Henrik: "I don't like the noise!! What are you doing there?

A short time later Henrik grabbed a plate and hit Bob on the head with it. He said he felt threatened and wanted to defend himself. A short time later the police and ambulance came. Lucas had called them because the situation seemed to be escalating.
Sophia came home late that day. From outside she had heard Henrik and Bob arguing. When she came into the yard, the police were soon there. She then heard how they talked about Henrik and one said if they should take him with them.
Arriving on the first floor, she saw Bob lying on the floor and Henrik's hand was obviously injured. He obviously injured his hand and was on his way to the hospital with Lucas. Bob was also taken to the hospital. Shortly thereafter she decided to go outside again to see if maybe someone could tell her something more about it. Jeremy suddenly appeared in the courtyard below and said that Henrik just hit Bob on the head and that he didn't want to get involved in such things anymore.
When Sophia was back in her apartment a few things went through her head..What should she make of Henrik? He certainly seems to be a bit violent..And why did he need a witness in case something happened?Have Lucas and Henrik something planned?
..After a few months there was a trial and Henrik was acquitted..Because Lucas had testified against Bob as a witness and Bob had been a bit aggressive during the trial.

Question:

Sophia discovers a possible motive why Henrik might have something to do with Jeremy's disappearance..Do you know which one?

Vocabulary:

(el)revisar	(the)flashback
(el)incidente	(the)incident
afirmar	(to)assert
agarrar(algo)	(to)grab(something)
(estar)tendido	(to)lie
(el)suelo	(the)floor
afuera	outside
abajo	below
aparecer	(to)appear
(la)situación	(the)situation
traer	(to)bring
(la)conservación	(the)conversation
(el)ruido	(the)noise
(la)ventana	(the)window
(la)mano	(the)hand
(la)pierna	(the)leg
(el)brazo	(the)arm

Chapter 4

Sophia didn't know what to think of Henrik anymore..After all, he had never been violent towards her and he had also told her that there were no other witnesses apart from Lucas. Meanwhile, she also doubts whether he always told the truth in the other stories that Henrik told her. Later, Sophia calls a friend to tell her about the incident. Cathrine also knows Henrik because she lives nearby and she and Sophia have been to his apartment before. Cathrine says that Henrik would like to provoke people and often says things to discriminate against others. But he was also nice and polite to her at first. Sophia says that Henrik might have planned something with Lucas that evening. After all, Lucas is also his witness, who testified against Bob and for Henrik at the trial. Among other things, he mentioned that Bob attacked first. But Sophia doesn't mention that Henrik might have something to do with Jeremy's disappearance.

Dialog:
Sophia: "Hello Catherine, how are you?
Catherine: "Yes, quite well so far. A little tired from the day today and Anthony is back texting and making me angry."
Sophia: "Okay, didn't you block him in the app? Are you still mad at him because of his behavior that evening?"
Cathrine: "Yes, but it doesn't matter for now. And is there anything new with you?"
Sophia: "Oh, I don't know what to think of Henrik anymore either, because of that thing where he hit Bob on the head with his plate. I don't have that much to do with him anymore either..But he is often in the apartment with Lucas..I don't know if they might be planning something there."
Cathrine: "Oh, Henrik just overreacted. He probably just wanted to defend himself..Henrik was acquitted..you can't find out what exactly happened anymore..the matter is settled now."
Sophia: "Yes, maybe you're right..I have to prepare something for tomorrow..I'll get in touch with you tomorrow or one of those days..bye
Cathrine: "Okay..bye."

Vocabulary:

(la)gente	(the)people
(la)mensaje	(the)message
en la noche	in the evening
preferir	(to)prefer
mencionar	(to)mention
también	also
(el)plato	(the)dish
un poco	a little bit
preparar	(to)prepare

Chapter 5

Sophia also often stays abroad. She hopes to be able to get more clarity about the matter through the distance. She writes down a few important points on a piece of paper. She also has a few questions that have not yet been clarified. Does Jeremy's brother have something to do with it after all? After all, he immediately told Lucas and Henrik about the supposedly missing package. Maybe they're in cahoots. She's also noticed that Cathrine often defends Henrik. Since it is a bit later and Sophia is already a bit tired, she would like to sleep now when suddenly Henrik sends her a message.

Dialog:
Henrik: "Hello, Sophia, how are you? Aren't you at home?"
Sophia: "Thank you, no, I'm on my way..Why? Did something happen?
Henrik: "Where are you?"
Sophia: "It doesn't matter now. I'll tell you tomorrow. It's getting late here and I'd like to sleep now..See you tomorrow
Henrik: "Okay, whatever you say. You can just say it. In any case, your neighbor's home was broken into
Sophia: "With whom?"
Henrik only answers an hour later..
Henrik: "With Graham
Sophia: "Really with Graham? What time? He's usually at home? How do you know that?
Henrik: "He told me."

Sophia: "So I've been out of town for two days. Can't comment on that either..Where was Graham when it happened?

Henrik answers again later..

Henrik: "He was at work..like almost every morning

Sophia: "Graham is working in this position again?"

(Sophia's neighbor across from her is also called Graham)

Henrik: "No, I didn't mean your neighbor across from you. There's also a Graham in the hallway between us..

Sophia: "Oh, ok.. what was stolen?"

Henrik: "His Nitendo and his TV. He usually goes to work at five o'clock in the morning..But none of the neighbors supposedly heard anything..that's really not nice..if you hear something you can at least tell someone

Sophia: "But how do you know that he's always at work so early? Do you have a lot to do with him?"

Henrik: "He told me.. His door was kicked in."

Sophia: "Okay, yes, I can't say..I'd like to sleep now..see you then"

Henrik: "Okay, good night..see you later"

Sophie: "Bye."

Vocabulary:

(la)ciudad	(the)town
(el)aeropuerto	(the)airport
(la)maleta	(the)suitcase
(el)toallo de mano	(the)towel
(la)cuenta	(the)invoice
responder	(to)reply
(la)silla	(the)chair
(el)lapíz	(th) pencil
(la)mesa	(the)table
(las)noticas	(the)notes
(el)desperador	(the)alarm clock
llevantarse	(to)stand up
beber	(to)drink
(la)comida	(the)food
(la)cama	(the)bed
enfrente	opposite to
envíar	(to)send
(la)planta	(the)plant
(el)árbol	(the)tree
(el)extranjero	(the)foreign country
(la)manta	(the)blanket
(las)direcciones	(the)directions

Chapter 6

Perhaps the distance to this place did Sophia quite well. She likes this country and decides to see some sights. At least it doesn't always remind her of the incidents..She speaks the language a little and knows people..First she looks for a restaurant because she's a little hungry..Finally she finds a pizzeria not far away near a park .

Dialog:
Waiter: "Hello, how are you? Something to drink or eat?"
Sophia: "Yes, I'll take...
Waiter: "Yes, with pleasure..
A few minutes later..
Waiter: "Here is your meal..You can get the cutlery in front. Would you like another drink?"
Catherine: "Okay, no thanks."
..
Sophia: "Can I pay? How much does it cost?"
Waiter: "Of course, here you have the bill.. That makes...
Sophia: "Okay and a little tip..can you pay by card?"
Waiter: "Sure..thank you."
Sophia: "Thank you..bye."

Sophia likes the climate, but is a bit warm. She decides to buy a cold drink and fruit before going to a museum.

Dialog:
Sophia: "I would like a water bottle, two apples and an apricot..thank you."
Shop owner: "Your are welcome..Here you have..this is then..

Later in the museum there are some exhibits, including some manuscripts.. Since there are many interesting sights in the city, Sophia is busy sightseeing most of the day and gaining new impressions.. Henrik hadn't written since yesterday, so once she is no longer reminded of the incidents. She decides to end the evening on the roof terrace of her hotel and briefly reads her e-mails. After writing a few e-mails, she can rest a little because she wants to leave early tomorrow.

Vocabulary:

(la)fruta	fruit
(las)verduras	vegetables
(el)cuchillo	knife
(el)tenedor	fork
(la)cuchara	spoon
(los)platos	dishes
(la)cuchillería	cutlery
(la)fresa	strawberry
(la)manzana	apple
(la)naranja	orange
(la)cerveza	(the)beer
(el)vino	(the)wine
tomar(algo)	(to)drink
(el)país	(the)country
(la)leche	milk
(la)pasta	pasta
(las)patatas	potatoes
(el)arroz	rice
(la)comida picante	(the)spicy food
(la)salsa	sauce
en la mañana	In the morning
En la tarde	afternoon

Chapter 7

Flashback two..

Sophia enjoys her time abroad. However, the thing with Henrik doesn't leave her in peace..She hasn't had very much contact with him for a long time because there was another incident she doesn't know what to make of it. This event was in the fall of last year, after Jeremy had already disappeared. That day, Henrik was already a little irritable in the afternoon. The two had met in the hallway and Sophia had told him that she would like to drive out to a field labyrinth later.. She knew that Henrik had been acting irritated towards her for a long time, but she didn't think anything of it at first.. Nevertheless, she had asked him if he wanted to come along because he wanted to do something outside. Sophia was often abroad and only told him about it later, but his behavior couldn't really have anything to do with that. On that day, Henrik was standing outside in the hallway with Lucas. After

Sophia had told Henrik about her plan to go to the field labyrinth she was in town for a few hours. When she got home she called Henrik. He went to his cell phone immediately and somehow irritated, as if he had already expected her call.

Dialog:
Henrik: "Yes?"
Sophia: "Hi..I'm at home now."
Henrik: "Okay, I'll come by..."
Henrik appears at Sophia's five minutes later..
Henrik: "Okay, are you ready? Then we can start right away.."
Sophia: "Yes, just a moment..I just have my car key..it has to be somewhere."
Henrik: "Why car keys? Shouldn't we ride our bikes?"
Sophia: "No, it'll be dark soon..."
(Henrik doesn't seem to like that)
Henrik: "Well, I'll only take my key with me..Why do you take your bag with you? You don't need one.
Sophia: "I usually take my bag with me...okay, we can start right away..."
Henrik: "Oh nice white jacket..camouflage haha..is it new?"
Sophia: "No, I've had it for a long time..okay, we can go."
Sophia and Henrik make their way to the car. Sophia notices that Henrik is somehow irritated and really wants to go.. but she thinks nothing of it at first.. It's cloudy today and it looks like it's going to rain a bit. When Sophia and Henrik are outside in the parking lot, Sophia and Henrik suddenly see a neighbor. He was out on his bike and it looks like he's urinating on a tree...even though he actually lives right nearby. Henrik makes a brief comment, but then they make their way to the field labyrinth..On the way, Henrik keeps asking..if the field is there..if the field is there..Sophie found this a little strange..But she didn't go into it any further.. When they got there, they found a labyrinth with quite tall crops.. Before that there was a field of flowers to pick yourself. When they got there, there was only one woman there. Like Sophia, she had parked in the parking lot intended for visitors. The woman then drove away a few minutes later, leaving Sophia and Henrik alone in the field. Henrik was in a hurry to get into the field labyrinth and didn't want to look at the flowers planted in front of it. According to his own statements, however, he had never been in the labyrinth himself. At the beginning of the labyrinth there was also a raised platform from which one had a good overview of the entire field. However, not everything could be seen well because the field had already grown very high. Sophia and Henrik were also briefly on the high stand because Sophia had never been there and also wanted to get an overview of the area. Then they went into the maze and tried different maze directions.. At one point there was a trampoline and there were some benches and a few signs with quiz questions.. After they had reached the end of the maze, Henrik was suddenly in a hurry to get back to the exit. At first Sophia didn't know which way to take, since she had never been there before. Henrik, on the other hand, seemed to know his way around. Individual national flags were also displayed in the labyrinth. First of all they went in the direction of a country flag and then all of a sudden Henrik said that this was the wrong direction and apparently he seemed to know the right way to the exit..Sophia followed him first..Henrik's gaze was fixed straight ahead and Sophia noticed a sublimina irritation in him..Then he emphasized again that this is the right way and then suddenly said that there was already someone on the high

stand. Sophia hadn't even noticed the person. From a distance you could actually see someone on the high stand. The person had pulled a black hooded sweater far over his face and you couldn't see his face, partly because they were even further away. Apparently the person was looking for someone in the field and they appeared to be watching Henrik and Sophia. The situation seemed strange to Sophia and she wanted to get out of there as soon as possible. Henrik, on the other hand, didn't seem to mind. As they got closer, the person ducked and you could no longer see the person on the high stand. They were now standing directly in front of the high stand at the exit. You couldn't hear anything on the high stand either.

Suddenly Henrik started reading the exit sign very loudly..Sophia told him to be quiet, but he didn't react and Sophia tried to hide..Henrik didn't seem to worry the person on the high stand and he did not want to perceive them as dangerous or did not perceive them as dangerous..When there was nothing to see on the elevated stand, Sophia decided to run to the car..When she turned around, several people with black hoodies suddenly appeared on the elevated stand, who kept ducking as she did turned around..Finally, she got into the car and closed the door..Before she got in, she saw a car on the side of the field that wasn't parked in the labyrinth parking lot, so unfortunately you couldn't see the license plate. .Meanwhile only one person could be seen on the high stand, she seemedpuzzled and obviously didn't know exactly what was going on..Henrik wentvery slowly to the car and finally got in..Then Sophia and Henrik drove quickly into the main road..First she wanted to drive past the wrongly parked car because of the license plate, but she also thought it was a bit dangerous..On the way, she might have been annoyed that Henrik didn't see the situation as dangerous or didn't want to see it..The people on the elevated platform were still watching them. He then just said that they were some people who also wanted to look at the labyrinth ..

Dialog:
Henrik: "Oh, it was just random people.. but I'm sweating a lot.. are you sweating a lot too?
Sophia: "No, they weren't just any people.. I just want to get away from here now..

When she got back home, Sophia saw that Cathrine was online on Messenger and she started telling her about it.. After she had calmed down a bit, she realized that Henrik could have something to do with the people on the high stand.. Anyway did he behave conspicuously in some things.. And he also preferred to ride his bike.. Does this have anything to do with it?

Dialog:
Sophia: "Oh, something just happened in the field labyrinth...I don't know what to think of it. Maybe I should inform the police..It looks a bit like Henrik had something to do with it, but I'm not entirely sure either and unfortunately I don't have the number plate from the car..
Cathrine: "Oh, it was definitely just some people..You may be reading too much into it.. Why should Henrik have anything to do with the matter? I don't know, they could have been there by accident."
Sophia: "Hmm..yes it could be..Or maybe they mixed us up or were waiting for someone else. But Henrik has behaved a bit conspicuously..Among other things, he asked why I was taking the bag with me and then a few other comments...I don't know either...well, it doesn't matter...I'll try to sleep first
Cathrine: "Okay..do it. You can get in touch

Sophia: "Okay..bye

Question:
Something in the parking lot struck Sophia as suspicious, which is why she thinks Henrik might have something to do with it?Do you know which one?

Vocabulary:

(el)laberinto de campo	(the)field labyrinth
(la)ciudad	(the)town
(el)celular	(The)cell phone
(la)bicicleta	(the)bike
(la)chaqueta	(the)jacket
oscuro	dark
(el)estacionamiento	(the)car park
(el)grano	(the)grain
(el)campo	(the)field
(la)plataforma elevada	(the)elevated platform
(los)carteles	(the)signs
agacharse	(to)duck
intentar	(to)attempt
(la)salida	(the)exit
(la)placa	(the)license plate
(la)bandera	(the)flag

Chapter 8

Sophia is back in Germany and has a few things to do first. She goes about her usual activities, but the thing with Henrik doesn't let her rest. The events in which Henrik is involved are piling up and meanwhile she has a different impression of Henrik.. At first he was quite nice, but he often made taunting remarks not only to her. He had already made these remarks to Cathrine, but she seemed to be defending him somehow. After all, Henrik had hit Bob with his plate, Jeremy has disappeared, the story about the field labyrinth and then the burglary at one of their neighbors. Then Sophia remembers that Henrik also told her stories from the past that she no longer knows what to think of..Among other things, he had told her that a neighbor from the other building across the street had removed a tire from Henrik's bicycle. Henrik used to have his bicycle downstairs in the yard, in a space intended for bicycles. This neighbor then supposedly put his front wheel on his bike and Henrik's front wheel his bike tire..But who wants to ride around with two different tires? And why should this neighbor do that? Henrik then just said that his bike had good tires..Since Henrik was able to prove that this was his bike (or he has proof of purchase for the chassis number of his bike), he finally got the tire back. The neighbor to whom he assumed that would have reacted irritably and asked what the point was..He then probably said that this was his bike with its tires.. Meanwhile, Sophia doesn't know what to think of it anymore. Was it perhaps Henrik himself? After all, Henrik has the tools for this at home..The other story why Sophia now has doubts about his credibility is that Henrik used to have a fight with another tenant in another part of the city. He would then probably have kicked in the door of this neighbor. Henrik denies this, although there was a witness who also testified against him. In any case, Henrik denies both having kicked in the door and the matter with the bicycle. He's had his bike in his apartment since then, so Sophia didn't get suspicious at first..And then there were the things with the huge freezer that Henrik once had in his apartment..but she doesn't want to interpret too much into the matter either..Then Sophia still remembers a conversation with her neighbor across the street, named Graham. When the story with the field happened, her neighbor somehow found out about it and then came to her a little later..Apparently he wanted to know what was going on.

Dialog:
Graham: "Where are you from? Did you go somewhere with Henrik?"
Sophia: "Yes, we were at this field labyrinth... and suddenly these people appeared..."
Graham: "Oh, and you think Henrik had something to do with it? Oh, not him.. He probably wanted to surprise you with something..
Sophia: "Oh, I don't know.. somehow I think that maybe they didn't have anything good planned and also somehow they don't were there by accident..
Graham: "Oh, as if Henrik was planning something along those lines..you might get into something there..
Sophia: "Yes it can be..."

Late that same evening, they see Lucas in the hallway..Sophia hopes that he hasn't overheard anything from the conversation..She had a similar impression of Henrik before, but after the events had accumulated, she also knew no more what to think about it..

Vocabulary:

(el)asunto	(the)thing
(la)llanta	(the)mature
(el)patio	(the)yard
(la)rueda	(the)wheel
negar	(to)deny
(la)repuesta	(the)answer

Chapter 9

Sophia is busy with a few things and occasionally takes over something in the evening in the city. The events with Henrik seem to be forgotten at first..Every now and then she talks to Cathrine about it, but she says that Henrik likes to provoke people but would not do anything else..Anthony, with whom Cathrine has more to do also lives in the area and he also knows Henrik a bit. He doesn't have a very good opinion of Henrik either..But otherwise, as he says, he doesn't have very much to do with him..They see each other on the bus from time to time..Sophia had noticed that Henrik and Anthony sometimes have the same status at Messenger..Cathrine thinks that this is just a coincidence..The two hardly have anything to do with each other..Meanwhile the quarrels between Bob and Henrik increase again. Although Henrik was acquitted because of the plate story, Bob still seemed to be angry, so that the two clashed again and again. When the two saw each other, Bob insulted Henrik from time to time, which made him feel directly attacked.

Anyway, it looked like one of the two would be moving out soon..A few people had moved out lately, partly because Henrik complained from time to time..One day Sophia was upstairs in her apartment and got one Quarrel between Henrik and a neighbor she hasn't known until now. Henrik is apparently angry that the neighbor smokes Sishara in his apartment and the smoke would enter Henrik's apartment through the window..Henrik was probably already at this neighbor's apartment downstairs and had knocked on his door and complained. Apparently he felt threatened. On that day, Sophia heard the police coming to the building and asking the two about what was happening. When she heard that, she was angry.. and went to the yard where the conversation took place.. Henrik often calls the police and complains about neighbors and especially after the recent events, which show that Henrik probably doesn't either innocent, she can't understand why he's calling the police because of something like that..When she arrives downstairs, she defends this neighbor and says that nothing would happen if he inhaled the smoke from time to time..Henrik didn't look at her very friendly and continued talking..Sophia then went back to her apartment and saw the police leaving again and said they should sort it out among themselves..About an hour later, when Sophia was watching a bit of TV, Henrik called her..

Dialog:
Henrik: "What was that supposed to mean? I don't think it's okay.
Sophia: "Yes, you do things like that all the time and then complain about things like that..I don't think that's okay..it sometimes seems to me that you're doing it specifically to provoke people..but I don't know either .
Henrik: "The smoke just bothers me..I wouldn't do it again if I were you..I haven't talked to you for a long time..just let it be
Sophia: "Yeah, what's going on there? You kick in the doors of others and don't tell the truth.. What should you think of that?"
(Henrik reacts irritably)

Henrik: "I don't have anyone's door..(then he interrupts briefly)..Don't interfere in my affairs..Don't get in my way at night."

Sophia: "Where should I not interfere?"

(Henrik repeatedly angry)

Henrik: "Don't interfere in my affairs.. That's slander.. Also, the neighbor downstairs called the police himself because he felt threatened.. I'm going to hang up now.. That was not okay.. bye

Sophia: "Okay, I won't interfere anymore..bye."

Vocabulary:

aumentar	(to)increase
casi	nearly
(la)coincidencia	(the)coincidence
occurar	(to)take place,(to)occur
(la)puerta	(the)door
colgar	(to)hang up
interferir	(to)interfere

Chapter 10

Sophia decides to let the whole thing with Henrik go. Jeremy hasn't appeared since then. At the moment she can't find out what happened to him or if anything happened to him at all..but she can't find it out at the moment either.. She might be able to file a missingpersonreport with the police but even then they might not be looking for him.. Well, in any case, Henrik kept mentioning at the beginning that Jeremy hasn't appeared yet, otherwise she probably wouldn't have noticed it immediately or she wouldn't have been reminded of it again and again..Well, and then there was the matter with the field labyrinth..That's how she got this new one impression of him..Then Sophia remembers a phone call the next day..She had called him to say that she was with the police, among other things to test how he reacts and how he behaves afterwards.. She also didn't want Henrik to try something like that again, in case he had something to do with the matter..If he is forewarned, he might let it be, but you can't be sure about that either..

Dialog:

Sophia: "What were those people there yesterday? So the situation was a bit threatening...they were apparently watching us."

Henrik: "Oh, I have no idea. That was nothing.. It was just random people."

Sophia: "I have no idea...I don't know...I should definitely make a statement...Unfortunately I don't have the license plate."

Henrik: "What did you say? Did you say that I was there and did you mention my name?"

Sophia: "Yes, I mentioned that you were there."

Henrik: "Okay then you will probably invite me to make a statement

Then Henrik asks with anundertone..

Henrik: "Did you actually tell anyone that we're going to the field?"

Sophia: "Yes, actually only you, Lucas and..

Henrik: "Did you actually tell Cathrine about it? Maybe she has something to do with it

Sophia: "No.. I didn't."

Henrik: "Yeah, I have no idea..did they want to know anything else?"

Sophia: "No..not really."

Henrik: "okay..I'll hang up now..I'm just shopping."

Sophia: "Okay..bye."

After the conversation, Sophia noticed that Henrik wasn't outside very often in the weeks that followed, but that didn't necessarily have anything to do with this matter either.. In the meantime, she had almost nothing to do with Henrik anymore. When they saw each other, he mostly ignored her or avoided her. Then Sophia remembers a situation when she came back from abroad. This burglary had taken place at her neighbor's and Henrik had argued with the neighbor about the smoke..Whereupon Sophia had interfered and Henrik had called her angrily later.. He said she shouldn't interfere..Absolutely then one day Sophia stood outside with this neighbor where the break-in took place and Graham, the neighbor across from her and they talked..Henrik somehow noticed that and then angrily walked past her when Sophia was back in the building..He then went outside to the other neighbors she had been talking to..Would he perhaps want to check what she said?But maybe it just seemed that way to her.. In any case, she can't clear up the matter with Jeremy and the field labyrinth at themoment and decides to let the matter rest for now..she didn't always want to be reminded of it and it's possible that the matter will soon be clarified on its own ..or maybe someone can tell something about it..

Vocabulary:

averiguar	(to)determine
invitar	(to)invite
(el)robo	(the)robbery
aclarar(el asunto)	(clear)things up
resolver	(to)solve
comprobar	(to)check over
algo	some

Respuestas a las preguntas de los capítulos uno, tres y siete...

Respuesta Capítulo 1:
Eric es eliminado como sospechoso porque no estaba en casa ni en el trabajo cuando Jeremy desapareció.

Respuesta Capítulo 3:
Jeremy vio que Henrik aparentemente acababa de golpear a Bob en la cabeza y habría sido un posible testigo.

Respuesta Capítulo 7:
El vecino que orinó en el árbol en realidad vive en las inmediaciones... en realidad podría haber entrado en el edificio... También conoce a Henrik... ¿Tiene algo que ver con el asunto?

Capítulo 1

Dos vecinos se encuentran en la calle una tarde cualquiera y charlan. Henrik, un electricista que actualmente está buscando trabajo, le dice a Sophia que Jeremy, un vecino de su edificio, desapareció y dejó todas sus pertenencias en el apartamento. Jeremy vivía en el mismo pasillo que Henrik. Sophia no ha vivido en la ciudad por mucho tiempo. Jeremy probablemente habría dejado todas sus cosas allí y no se lo habría dicho a nadie. Probablemente habría enviado un mensaje de texto más tarde diciendo que no iba a volver.

Diálogo:
Henrik: Hola, cómo estas? ¿Has oído que Jeremy ha desaparecido?".
Sophia: "No, no he oído nada al respecto. Dime, ¿sabes qué hora es? Me gustaría ir de compras...
Henrik: "Sí, son las siete menos cuarto... Está bien, iré contigo.
Sophia: "¿Desde cuándo desapareció?
Henrik: "No lo sé exactamente. Desde ayer entre las doce y las seis, supongo. Su hermano me dijo. Solo le envió un mensaje de texto diciendo que no iba a volver.
El vecino, Eric, siempre trabaja de once a siete y cuando volvió y tocó el timbre de Jeremy para preguntar si había llegado uno de sus paquetes, no lo había abierto.
Sophia: "Sí, no tengo idea. Es posible que vuelva a estar en contacto pronto o definitivamente vendrá de nuevo.
Henrik: "Definitivamente dejó sus cosas allí.
Entonces Henrik la mira con una sonrisa y dice...

Henrik: "Tal vez le pasó algo o tal vez le hicieron algo.
Sophia: "¿A quién te refieres con 'ellos'? Solo esperaría y vería. Definitivamente estará en contacto de nuevo.

Question:
If everyone involved tells the truth, one person who could have had something to do with the disappearance is eliminated. Can you guess which one?

Capítulo 2

Han pasado algunas semanas y Jeremy todavía no ha aparecido. Sophia se pregunta si su vecino Henrik podría tener algo que ver con eso. Desde hace unos días pasa mucho tiempo con otro vecino llamado Lucas, que también vive en su pasillo.Lucas está en el Mensa-Veren pero, al igual que Henrik, pasa mucho tiempo frente al ordenador. Henrik le dijo a Sophia que Jeremy todavía estaba en contacto con Lucas. Para averiguar si esta es la verdad, Sophia inventa una historia sobre un paquete supuestamente perdido y le pide al hermano de Jeremy el número de Jeremy.

Un día después, Sophia ve accidentalmente a Henrik y Lucas afuera. Aparentemente, el hermano de Jeremy les dijo que Sophia pidió el número de Jeremy.

Diálogo:
Sophia: "Hola, ¿de dónde venís?"
Henrik: "Estábamos en el buzón...
Sophia: "Lucas, ¿sigues en contacto con Jeremy?"
Lucas: "Sí, un poco... ¿por qué preguntas?"
Sophia: "Recibí una tarjeta del servicio de paquetería que decía que Jeremy probablemente aceptó un paquete mío hace mucho tiempo.
Lucas responde un poco irritado..
Lucas: Si, lo sé. El hermano de Jeremy dijo que preguntaste por el paquete. Sí, pero ¿por qué solo preguntas sobre eso ahora? Ahora, de repente, ¿te acuerdas de eso? Eso fue hace mucho tiempo, ¿no?"
Sophia: "Recientemente encontré la tarjeta de notificación y de alguna manera ya nadie tiene contacto con él".
Lucas: "De todos modos... ¡¡Estaba hablando por teléfono con él y no tiene tu paquete!!
Sophia: "Está bien, entonces eso está resuelto".
Lucas: "Está bien..."

Capítulo 3

Revisar.:
Sophia recuerda un incidente que sucedió hace mucho tiempo. Hace unos tres meses hubo una pelea en este edificio. Otro vecino llamado Bob había tirado varias botellas por la ventana. Henrik afirma que a este vecino le gusta tomar una copa y luego se comporta de manera llamativa o inapropiada. En cualquier caso, Henrik y Bob habían discutido por la ventana. Bob vive un piso arriba de Henrik. Después de que Henrik provocó a Bob, éste bajó enojado las escaleras hasta el apartamento de Henrik. Henrik estaba esperando a Bob y le dijo a Lucas que tendría un testigo si algo sucedía.

Diálogo:
Bob: ¿Qué estás haciendo? Déjame en paz y haz mis cosas... ¿por qué estás interfiriendo?
Henrik: "¡¡No me gusta el ruido!! ¿Qué estás haciendo?"

Poco tiempo después, Henrik agarró un plato y golpeó a Bob en la cabeza con él, dijo que se sentía amenazado y quería defenderse. Poco tiempo después llegó la policía y la ambulancia, Lucas los había llamado porque la situación parecía estar escalando.

Sophia llegó tarde a casa ese día. Desde fuera había oído la discusión entre Henrik y Bob. Cuando entró en el patio, la policía pronto estuvo allí. Luego escuchó cómo hablaban de Henrik y uno dijo si deberían llevarlo con ellos.

Al llegar al primer piso, vio a Bob estar tendido en el suelo y la mano de Henrik estuvo obviamente herida. Obviamente se lesionó la mano y se dirigía al hospital con Lucas. Bob también fue llevado al hospital. Poco después, Sophia decidió ir de nuevo afuera para ver si alguien podía contarle algo más a la situación..Jeremy apareció de repente en el patio de abajo y dijo que Henrik acababa de golpear a Bob en la cabeza y que ya no quería involucrarse en esas cosas.

Cuando Sophia regresó a su departamento, tenía algunas cosas en mente..¿qué debería pensar de Henrik? Ciertamente parece ser un poco violento..¿Y por qué necesitaba un testigo en caso de que algo sucediera? ¿tuvieron algo planeado Henrik y Lucas?

...Después de unos meses hubo un juicio y Henrik fue absuelto... porque Lucas había testificado contra Bob como testigo y Bob había sido un poco agresivo durante el juicio.

Question:
Sophia discovers a possible motive why Henrik might have something to do with Jeremy's disappearance..Do you know which one?

Capítulo 4

Sophia ya no sabía qué pensar de Henrik, después de todo, él nunca había actuado con violencia hacia ella y también le había dicho que no había otros testigos aparte de Lucas. Mientras tanto, ella también duda si él siempre dijo la verdad en las otras historias que le contó Henrik. Más tarde, Sophia llama a una amiga para contarle el incidente. Cathrine también conoce a Henrik porque vive cerca y ha estado antes en el departamento de Henrik con Sophia. Cathrine dice que a Henrik le gustaría provocar a la gente y, a menudo, dice cosas para discriminar a los demás. Pero también fue amable y educado con Sophia al principio. Sophia dice que Henrik podría haber planeado algo con Lucas esa noche. Después de todo, Lucas también es su testigo, quien testificó en contra de Bob y de Henrik en el juicio, entre otras cosas, mencionó que Bob atacó primero. Pero Sophia no se lo menciona a

Cathrine, en primer lugar que Henrik podría tener algo que ver con la desaparición de Jeremy.

Diálogo:
Sophia: "Hola Catalina, ¿cómo estás?
Catherine: "Sí, bastante bien hasta ahora. Un poco cansado por el día de hoy y Anthony está de vuelta enviándome mensajes y haciéndome enojar".
Sophia: "Está bien, ¿no lo bloqueaste en la aplicación? ¿Todavía estás enojado con él por su comportamiento esa noche?"
Cathrine: "Sí, pero no importa por ahora. ¿Y hay algo nuevo contigo?
Sophia: "Oh, ya no sé qué pensar de Henrik, por eso en que golpeó a Bob en la cabeza con su plato. Ya no tengo mucho que ver con él tampoco... pero a menudo está en el apartamento con Lucas... no sé si podrían estar planeando algo allí".
Cathrine: "Oh, Henrik reaccionó de forma exagerada. Probablemente solo quería defenderse... Henrik fue absuelto... ya no puedes averiguar qué sucedió exactamente... el asunto está resuelto ahora".
Sophia: "Sí, tal vez tengas razón... tengo que preparar algo para mañana... me pondré en contacto contigo mañana o algún día... adiós".
Cathrine: "Está bien... adiós".

Capítulo 5

Sophia también se queda a menudo en el extranjero. Ella espera poder obtener más claridad sobre el asunto a través de la distancia. Escribe algunos puntos importantes en una hoja de papel y también tiene algunas preguntas que aún no se han aclarado. ¿El hermano de Jeremy tiene algo que ver después de todo? Después de todo, inmediatamente les contó a Lucas y Henrik sobre el paquete supuestamente perdido. Tal vez estén confabulados. También se ha dado cuenta de que Cathrine suele defender a Henrik. Como es un poco más tarde y Sophia ya está un poco cansada, le gustaría dormir cuando de repente Henrik le envía un mensaje.

Diálogo:
Henrik: "Hola, Sophia, ¿cómo estás? ¿No estás en casa?"
Sophia: "Gracias, no, voy en camino... ¿Por qué? ¿Pasó algo?
Henrik: "¿Dónde estás?"
Sophia: "No importa ahora. Te lo diré mañana. Se está haciendo tarde aquí y me gustaría dormir ahora ... hasta mañana
Henrik: "Está bien, lo que tú digas. Puedes decirlo tan fácilmente donde estás.. En cualquier caso, la casa de tu vecino fue allanada.
Sophia: "¿Con quién?"
Henrik solo responde una hora después.
Henrik: "Con Graham
Sophia: "¿De verdad con Graham? ¿A qué hora? ¿Suele estar en casa? ¿Cómo lo sabes?
Henrik: "Él me lo dijo".
Sophia: "Así que he estado fuera de la ciudad durante dos días. Tampoco puedo decir nada al respecto... ¿Dónde estaba Graham cuando sucedió?
Henrik responde de nuevo más tarde.
Henrik: "Estaba en el trabajo... como casi todas las mañanas
Sophia: "¿Graham está trabajando en este puesto otra vez?"
(El vecino de Sophia del apartamento de enfrente también se llama Graham)
Henrik: "No, no me refiero a tu vecino de enfrente. En el pasillo entre nosotros también hay un Graham..
Sophia: "Oh, ok... ¿qué fue robado?"
Henrik: "Su Nitendo y su TV. Por lo general, va a trabajar a las cinco de la mañana. Pero ninguno de los vecinos supuestamente escuchó nada. Eso realmente no es agradable. Si escuchas algo, al menos puedes decirle a alguien.
Sophia: "¿Pero cómo sabes que él siempre está en el trabajo tan temprano? ¿Tienes mucho que ver con él?"
Henrik: "Él me dijo... Su puerta fue pateada".
Sophia: "Está bien, sí, no puedo decir... me gustaría dormir ahora... nos vemos luego"
Henrik: "Está bien, buenas noches... hasta luego"
Sophia: "Adiós".

Capítulo 6

Quizás la distancia a este lugar le hizo bastante bien a Sophia. Le gusta este país y decide ver algunos lugares de interés. Al menos no siempre le recuerda los incidentes... Habla un poco el idioma y conoce gente... Primero busca un restaurante porque tiene un poco de hambre..Finalmente encuentra una pizzería no muy lejos cerca de un parque.

Diálogo:

Camarero: "Hola, ¿cómo estás? ¿Algo para beber o comer?

Sophia: "Sí, me quedo con...

Camarero: "Sí, con mucho gusto..

Unos minutos más tarde..

Camarero: "Aquí está la comida. Puedes traer los cubiertos al frente. ¿Le gustaría otra bebida?"

Sophia: "Está bien, no gracias".

..

Sophia: "¿Puedo pagar? ¿Cuánto cuesta?"

Camarero: "Claro, aquí tiene la cuenta..esto hace..

Sophia: "Está bien y una propina..¿puedo pagar con tarjeta?"

Camarero: "Claro... gracias".

Sophia: "Gracias... adiós".

A Sophia le gusta el clima, pero es un poco cálido. Decide comprar una bebida fría y fruta antes de ir a un museo.

Diálogo:

Sophia: "Me gustaría una botella de agua, dos manzanas y un albaricoque... gracias".

Dueño de la tienda: "Me encantaría... Aquí tienes... estos son entonces...

Más adelante en el museo hay algunas exhibiciones, incluidos algunos manuscritos..Dado que hay muchos lugares interesantes en la ciudad, Sophia está ocupada haciendo turismo la mayor parte del día y obtiene nuevas impresiones. Henrik no había escrito desde ayer, por lo que primero todos, los incidentes ya no se recuerdan. Decide terminar la velada en la azotea de su hotel y lee brevemente sus correos electrónicos. Después de escribir algunos correos electrónicos, puede descansar un poco porque mañana quiere llevantarse temprano.

Capítulo 7

Sophia disfruta de su tiempo en el extranjero. Sin embargo, lo de Henrik no la deja en paz. Este evento fue en el otoño del año pasado, después de que Jeremy ya había desaparecido. Ese día, Henrik ya estaba un poco irritable por la tarde. Los dos se habían encontrado en el pasillo y Sophia le había dicho que le gustaría conducir hasta un laberinto de campo más tarde. Sophia sabía que Henrik había estado irritado con ella durante mucho tiempo, pero no pensó en nada..al principio.. Sin embargo, ella le había preguntado si Henrik quería venir porque quería hacer algo afuera. Sophia estaba a menudo en el extranjero y solo se lo contó más tarde, pero su comportamiento realmente no podía tener nada que ver con el compartimiento de Henrik. Ese día, Henrik estaba parado afuera en el pasillo con Lucas. Después de que Sophia le contó a Henrik su plan de ir al laberinto de campo, estuvo en la ciudad por unas horas y cuando llegó a casa llamó a Henrik..Fue a su celular inmediatamente y de alguna manera irritado, como si ya hubiera esperado su llamada.

Diálogo:
Henrik: "¿Sí?"
Sophia: "Hola... ya estoy en casa".
Henrik: "Está bien, pasaré..."
Henrik aparece en casa de Sophia cinco minutos después.
Henrik: "Está bien, ¿estás listo? Entonces podemos comenzar de inmediato ...
Sophia: "Sí, solo un momento... solo tengo la llave de mi auto... tiene que estar en alguna parte".
Henrik: "¿Por qué las llaves del auto? ¿No deberíamos ir con bicicleta?"
Sophia: "No, pronto oscurecerá..."
(A Henrik no parece gustarle eso)
Henrik: "Bueno, solo me llevaré mi llave. ¿Por qué llevas tu bolsa contigo? No lo necesitas.
Sophia: "Usualmente llevo mi bolso conmigo... está bien, podemos empezar de inmediato..."
Henrik: "Oh, bonita chaqueta blanca... camuflaje jaja... ¿es nueva?"
Sophia: "No, lo he tenido durante mucho tiempo... está bien, podemos irnos".

Sophia y Henrik se dirigen al auto. Sophia se da cuenta de que Henrik está algo irritado y realmente quiere ir... pero al principio no le da importancia..Hoy está nublado y parece que va a llover un poco. Cuando Sophia y Henrik están afuera en el estacionamiento, Sophia y Henrik de repente ven a un vecino. Estaba en su bicicleta y parece que está orinando en un árbol... aunque en realidad vive cerca. Henrik hace un breve comentario, pero luego se dirigen al laberinto de campo. En el camino, Henrik sigue preguntando... si el campo está ahí... si el campo está ahí... Sophia encontró esto un poco extraño..Pero no profundizó más, al llegar se encontraron con un laberinto con cultivos bastante altos, frente a este había un campo de flores para recoger uno mismo. Cuando llegaron allí, solo había una mujer allí. Al igual que Sophia, había estacionado en el estacionamiento destinado a visitantes. Luego, la mujer se alejó unos minutos más tarde, dejando a Sophia y Henrik solos en el campo. Henrik tenía prisa por entrar en el laberinto del campo y no quería mirar las flores plantadas frente a él. Sin embargo, según sus propias declaraciones, nunca había estado en el laberinto. Al comienzo del laberinto también había una plataforma elevada desde la que se tenía una buena visión general de todo el campo. Sin embargo, no todo se podía ver bien porque el campo ya había crecido mucho. Sophia y Henrik también estuvieron brevemente en esta tribuna alta porque Sophia nunca había estado allí y también quería obtener una visión general del área. Luego giraron en el laberinto y probaron diferentes direcciones del laberinto..En un momento había un trampolín y había algunos bancos y algunos carteles con cuestionarios. Habiendo llegado al final del laberinto, Henrik de repente tenía prisa por volver a la salida. Al principio, Sophia no sabía qué camino tomar, ya que nunca antes había estado allí. Henrik, por otro lado, parecía conocer el camino. En el laberinto también se exhibieron banderas nacionales individuales. Primero fueron en dirección a la bandera de un país y luego, de repente, Henrik dijo que esa era la dirección equivocada y aparentemente parecía saber el camino correcto hacia la salida... Sophia lo siguió primero..La mirada de Henrik estaba fija..de frente y Sophia notó una irritación subliminal en él..Luego enfatizó de nuevo que ese es el camino correcto y luego de repente dijo que ya había alguien en la tribuna alta. Sophia ni siquiera se había fijado en la persona. Desde la distancia se podía ver a alguien en la tribuna alta. La persona se había puesto un suéter negro con capucha sobre su cara y no podías ver su cara, en parte porque estaban aún más lejos. Aparentemente, la persona estaba buscando a alguien en el campo y parecía estar observando a Henrik y Sophia. La situación le parecía extraña a Sophia y quería salir de allí lo antes posible, a Henrik en cambio no parecía importarle..A medida que se acercaban, la persona se agachó y ya no se podía ver a la persona en la grada alta, ahora estaban parada directamente frente a la tribuna alta en la salida. Tampoco se oía nada en la tribuna alta. De repente, Henrik comenzó a leer la señal de salida en voz muy alta... Sophia le dijo que debería estar tranquilo..pero él no respondió y Sophia trató de esconderse... Henrik no parecía preocupar a la persona en la tribuna alta y no quería los percibe como peligrosos o no los percibe como peligrosos. Cuando Sophia no vio nada más en la plataforma, decidió correr hacia el automóvil..Cuando se dio la vuelta, varias personas con suéteres negros con capucha aparecieron repentinamente en la plataforma elevada, quienes seguían agachándose mientras ella se daba la vuelta. Finalmente, se subió al automóvil y cerró la puerta.. Antes de entrar, había visto un automóvil en lado del campo que no estaba estacionado en el estacionamiento destinado al laberinto, por lo que desafortunadamente no podía ver la placa..Mientras tanto, solo una persona podía ser vista de nuevo en la plataforma alta, parecía estar aparentemente desconcertada y obviamente tampoco sabía exactamente lo que estaba pasando... Henrik caminó muy lentamente hacia el auto y finalmente se subió...Entonces Sophia y Henrik condujeron rápidamente hacia la calle principal..Primero quería pasar por delante del coche mal aparcado debido a la placa, pero a ella también le parecía un poco peligroso..En el camino tal vez le molestó que Henrik no percibiera la situación como peligrosa o no quería percibirlo..Las personas en la plataforma elevada todavía los cuidaban.. Luego solo dijo que había algunas personas que también querían mirar el laberinto..

Diálogo:
Henrik: "Oh, solo eran personas al azar... pero estoy sudando mucho... ¿tú también estás sudando mucho?
Sophia: "No, no eran personas cualquiera... Solo quiero irme de aquí ahora...

Cuando regresó a casa, Sophia vio que Cathrine estaba en línea en Messenger y comenzó a contárselo. Después de calmarse un poco, se dio cuenta de que Henrik podría tener algo que ver con las personas en la tribuna alta. De todos modos. se comportó de manera llamativa en algunas cosas..Y también prefirió ir con bicicleta..¿Tiene esto algo que ver?

Diálogo:
Sophia: "Oh, algo acaba de suceder en el laberinto de campo... No sé qué pensar al respect..Tal vez debería informar a la policía... Parece que Henrik tuvo algo que ver con eso, pero tampoco estoy del todo seguro y, lamentablemente, no tengo la placa del coche...
Cathrine: "Oh, definitivamente fueron solo algunas personas..Puede que estés leyendo demasiado..¿Por qué Henrik debería tener algo que ver con el asunto? No sé, podrían haber estado allí por accidente".
Sophia: "Hmm... sí, podría ser..O tal vez nos confundieron o estaban esperando a alguien más. Pero Henrik se ha comportado un poco llamativamente. Entre otras cosas, me

preguntó por qué me llevaba la bolsa y luego algunos otros comentarios... Yo tampoco sé... bueno, no importa..Intentaré dormir primero.
Cathrine: "Está bien... hazlo. Puedes ponerte en contacto
Sophia: "Está bien... adios

Question:
Something in the parking lot struck Sophia as suspicious, which is why she thinks Henrik might have something to do with it?Do you know which one?

Capítulo 8

Sophia está de vuelta en Alemania y tiene algunas cosas que hacer primero. Ella sigue con sus actividades habituales, pero el asunto con Henrik no la deja en paz... Los eventos en los que Henrik está involucrado van en aumento y ahora ella tiene una impresión diferente de Henrik... Al principio Henrik era bastante agradable, pero a menudo hizo comentarios burlones no solo hacia ella. Ya había hecho estos comentarios con Cathrine, pero ella parecía estar defendiéndolo de alguna manera.Después de todo, Henrik había golpeado a Bob con el plato, Jeremy había desaparecido, la historia sobre el laberinto del campo y luego el robo a uno de sus vecinos. Entonces Sophia recuerda que Henrik le contó historias del pasado que ya no sabe qué pensar, entre otras cosas, le contó que un vecino del otro edificio de enfrente le había quitado una llanta a la bicicleta de Henrik..Henrik solía tener su bicicleta en el patio, en un lugar reservado para bicicletas. Este vecino supuestamente montó su rueda delantera en su bicicleta y la llanta de su bicicleta en la delantera de Henrik ..¿Pero quién quiere ir con dos llantas diferentes? ¿Y por qué este vecino debería hacer eso? Henrik solo dijo que su bicicleta tenía buenas llantas. Como Henrik afirmó que esta es su bicicleta (o tiene el recibo de compra del número de chasis de su bicicleta), finalmente consiguió la llanta..El vecino a quien inculpó que habría reaccionado irritado y preguntó cuál era el punto. Entonces probablemente dijo que esta era su bicicleta con sus llantas... Mientras tanto, Sophia ya no sabe qué pensar de ella tampoco.. ¿Será tal vez el mismo Henrik? Después de todo, Henrik tiene las herramientas para ello en casa.. La otra historia por la que Sophia ahora tiene dudas sobre su credibilidad es que Henrik solía tener una discusión con otro inquilino en otra parte de la ciudad..Entonces probablemente habría pateado la puerta de este vecino. Henrik lo niega, aunque hubo un testigo que también declaró en su contra. En cualquier caso, Henrik niega haber pateado la puerta y lo de la bicicleta..Ha tenido su bicicleta en su apartamento desde entonces, por lo que Sophia no sospechó al principio..Y luego las cosas con el enorme congelador que Henrik una vez tuvo en su apartamento... pero ella tampoco quiere leer demasiado en el asunto..Entonces Sophia recuerda una conversación con su vecino del apartamento de enfrente, llamado Graham. Cuando sucedió la historia con el campo, su vecino de alguna manera se enteró y luego apereció a ella un poco más tarde. Aparentemente quería saber qué estaba pasando.

Diálogo:
Graham: "¿De dónde eres? ¿Fuiste a algún lado con Henrik?"
Sophia: "Sí, estábamos en este campo laberinto... y de repente aparecieron estas personas..."
Graham: "Oh, ¿y crees que Henrik tiene algo que ver con eso? Oh, no lo hace... probablemente quería sorprenderte con algo...
Sophia: "Oh, no sé... de alguna manera creo que tal vez no tenían nada bueno planeado y de alguna manera no es que estuvieran allí por accidente..y no sé que personas eran allí..
Graham: "Oh, como si Henrik estuviera planeando algo así... podrías meterte en algo...
Sophia: "Sí, puede ser..."

Más tarde esa misma noche, ven a Lucas en el pasillo... Sophia espera que él no haya escuchado nada de la conversación..Ella tenía una impresión similar de Henrik de antemano, pero después de que los eventos se acumularon, tampoco supo más qué hacerpiénsalo..

Capítulo 9

Sophia está ocupada con algunas cosas y ocasionalmente se hace cargo de algo por la noche en la ciudad. Los eventos con Henrik parecen haberse olvidado al principio. De vez en cuando habla con Cathrine al respecto, pero ella dice que a Henrik le gusta provocar a la gente pero que no haría nada más. Anthony, con quien Cathrine también tiene más que ver también vive en la zona y conoce un poco a Hernik..Tampoco tiene muy buena opinión de Henrik.. Pero por lo demás, como dice, no tiene mucho que ver con él.. De vez en cuando los dos se ven en el autobús... Sophia notó que Henrik y Anthony a veces tienen el mismo estado en Messenger... Cathrine dice que esto es solo una coincidencia... Los dos casi no tienen nada que ver el uno con el otro. .Durante este tiempo las peleas entre Bob y Henrik vuelven a aumentar. Aunque Henrik fue absuelto por la historia del plato, todavía Bob parecía estar enojado, por lo que los dos se enfrentaron una y otra vez. Cuando los dos se veían, Bob insultaba a Henrik de vez en cuando, lo que hacía que Henrik se sintiera ofendido... De todos modos, parecía que uno de los dos se mudaría pronto... Algunas personas se habían mudado últimamente, en parte debido a eso, ahí Henrik se quejaba de vez en cuando.. Un día, Sophia estaba arriba en su apartamento y escuchó una pelea entre Henrik y un vecino que no conocía hasta ahora. Henrik aparentemente está enojado porque el vecino fuma Sishara en su apartamento y el humo entraría al apartamento de Henrik por la ventana. Henrik probablemente ya estaba en el apartamento de este vecino en la planta baja y había llamado a su puerta y se había quejado. Al parecer, este vecino se sintió amenazado..Ese día, Sophia escuchó que la policía llegaba al edificio y les preguntaba a los dos qué estaba pasando. Cuando escuchó eso, se enojó..y fue al patio donde se occuró la conversación..no puede entender por qué está llamando a la policía por algo así.. Cuando ella llega abajo, defiende a este vecino y le dice que no pasaría nada si él inhalara el humo de vez en cuando... Henrik no la miró muy amistosa y continuó hablando... Sophia luego volvió a su apartamento y vio que la policía se iba de nuevo y dijo que deberían arreglarlo entre ellos... Aproximadamente una hora más tarde, cuando Sophia estaba viendo un poco de televisión, Henrik la llamó...

Diálogo:
Henrik: "¿Qué se suponía que significaba eso? No creo que esté bien.
Sophia: "Sí, haces cosas así todo el tiempo y luego te quejas de algo así... No creo que esté bien... a veces me parece que lo haces más para provocar a la gente... pero yo tampoco lo se
Hernik: "El humo simplemente me molesta... No lo volvería a hacer si fuera tú... No he hablado contigo durante mucho tiempo... déjalo así".
Sophia: "Sí, ¿qué está pasando allí? Pateas las puertas de los demás y no dices la verdad... ¿Qué deberías pensar de eso?"
(Henrik reacciona irritado)
Henrik: "No tengo la puerta de nadie.. (luego interrumpe brevemente).. No interfieras en mis asuntos.. No te metas en mi camino por la noche".
Sophia: "¿Dónde no debo interferir?"
(Henrik repetidamente enojado)
Henrik: "No interfieras en mis asuntos... Eso es negación... Además, el vecino de abajo llamó a la policía porque se sintió amenazado... Voy a colgar ahora. Eso no estuvo bien... adiós
Sophia: "Está bien, no interferiré más... adiós".

Capítulo 10

Sophia decide dejar pasar todo el asunto con Henrik. Jeremy no ha aparecido desde entonces. Por el momento, no puede averiguar qué le sucedió o si le sucedió algo en absoluto. Tal vez podría presentar un informe de personasdesaparecidas con la policía, pero incluso entonces es posible que no lo estén buscando. Bueno, Henrik definitivamente al principio había mencionado que Jeremy no había vuelto a aparecer, de lo contrario, probablemente Sophia no lo habría notado de inmediato o no se lo habría recordado una y otra vez... Bueno, y luego estaba el asunto con el laberinto de campo.. Así es como consiguió una nueva impresión de él.. Entonces Sophia recuerda una llamada telefónica al día siguiente.. Lo llamó para decirle que estaba con la policía, entre otras cosas para probar cómo reacciona y cómo él se comporta después. Ella también quería que Henrik no volviera a intentar algo así si tenía algo que ver con el asunto.. Si está advertido, puede que lo deje pasar, pero tampoco puedes estar seguro de eso.

Diálogo:
Sophia: "¿Qué eran esas personas allí ayer? Cuando la situación era un poco amenazante... aparentemente nos estaban observando".
Henrik: "Oh, no tengo idea. Eso no fue nada... Fueron solo personas al azar".
Sophia: "No tengo idea... No sé... Definitivamente debería hacer una declaración... Desafortunadamente no tengo la placa.."
Henrik: "¿Qué dijiste? ¿Dijiste que yo estaba allí y mencionaste mi nombre?"
Sophia: "Sí, mencioné que estabas allí".
Henrik: "Está bien, entonces probablemente me invites a hacer una declaración
Entonces Henrik pregunta en voz baja.
Henrik: "¿De verdad le dijiste a alguien que íbamos al campo?"
Sophia: "Sí, en realidad solo tú, Lucas y..."
Henrik: "¿De verdad le dijiste a Cathrine sobre eso? Tal vez ella tenga algo que ver con eso.."
Sophia: "No... no lo hice".
Henrik: "Sí, no tengo ni idea..¿quisieron saber algo más?"
Sophia: "No... en realidad no".
Henrik: "está bien..colgaré ahora... solo estoy de compras".
Sophia: "Está bien... adiós".

Después de la conversación, Sophia notó que Henrik no estuvo afuera muy a menudo en las semanas siguientes, pero eso tampoco tenía necesariamente nada que ver con este asunto. Mientras tanto, ya casi no tenía nada que ver con Henrik. Cuando se veían, él casi siempre la ignoraba o la evitaba..Luego, Sophia recuerda una situación cuando regresó del extranjero. Este robo había tenido lugar en casa de su vecino y Henrik había discutido con el vecino sobre el humo. Entonces Sophia había interferido y Henrik la había llamado más tarde enojado.. Él dijo que ella no debería involucrarse. En cualquier caso, Sophia estaba afuera un día con este vecino que tuvo el robo y Graham con su vecina del apartamento de enfrente y hablaron. Henrik de alguna manera se dio cuenta de eso y luego, enojado, pasó junto a ella cuando Sophia estaba de vuelta en el edificio..Luego se fue a los otros vecinoscon los que había estado hablando.. ¿Quizás querría comprobar lo que dijo? Pero tal vez solo le pareció así a ella.. En cualquier caso, no puede aclarar el asunto con Jeremy y el laberinto de campo por el momento..y decide dejar el asunto en paz por ahora..Ella no siempre quería que se lo recordaran y es posible que el asunto pronto se resuelva por sí solo... o tal vez alguien pueda decirte algo al respecto..